Mediterranean cookbook ti trasporta in un viaggio att _____ cucina mediterranea con una ventata di innovazione. Questo libro è un tesoro culinario che esplora le tradizioni culinarie mediterranee e le reinventa con un tocco moderno e creativo. Attraverso ricette uniche e originali, ti invita a esplorare l'arte della cucina, celebrando sapori freschi, ingredienti autentici e accostamenti audaci. Dalle coste della Grecia alle spiagge italiane, dalle delizie spagnole alle prelibatezze del nord Africa, ogni piatto è un'esperienza gustativa che incanta i sensi e riunisce la passione per il cibo con la creatività culinaria. Sia che tu sia un appassionato gourmet o un cuoco alle prime armi, questo libro offre ispirazione e possibilità di sperimentare in cucina, portando la magia del Mediterraneo direttamente sulla tua tavola.

Mediterranean cookbook transports you on a journey through the enchanting world of Mediterranean cuisine infused with a touch of innovation. This cookbook is a culinary treasure trove that delves into Mediterranean culinary traditions and reimagines them with a modern and creative twist. Through unique and original recipes, it invites you to explore the art of cooking, celebrating fresh flavors, authentic ingredients, and bold flavor combinations. From the shores of Greece to the Italian coast, from Spanish delights to the North African delicacies, each dish is a gustatory experience that captivates the senses and brings together a passion for food with culinary creativity. Whether you're a passionate gourmet or a novice cook, this book offers inspiration and the opportunity to experiment in the kitchen, bringing the magic of the Mediterranean directly to your table.

Salmone al Sesamo con Salsa di Arancia e Timo
Sesame Crusted Salmon with Orange and Thyme Sauce

Filetto di Maiale Glassato al Miele con Pere Caramellate e Salsa di Vino Rosso e Cannella
Honey Glazed Pork Tenderloin with Caramelized Pears and Red Wine Cinnamon Sauce

Agnello alla Griglia con Salsa di Menta e Peperoni Arrostiti
Grilled Lamb with Mint Sauce and Roasted Peppers

Baccalà mantecato su purea di ceci vellutata con chips croccanti di topinambur
Whipped Cod on Creamy Chickpea Puree with Crispy Jerusalem Artichoke Chips

Scaloppine di Vitello con Crema di Limone e Capperi con Risotto al Pesto di Basilico
Veal Scaloppine with Lemon Cream and Capers with Basil Pesto Risotto

Tonno alla Griglia con Salsa di Zenzero e Lime su Insalata di Finocchi e Arance
Grilled Tuna with Ginger Lime Sauce on Fennel and Orange Salad

Quaglia Arrosto con Salsa di Uva e Rosmarino su Polenta al Tartufo
Roasted Quail with Grape and Rosemary Sauce on Truffle Polenta

Stufato di Polpo con Patate, Pomodorini e Olive Taggiasche
Octopus Stew with Potatoes, Cherry Tomatoes, and Taggiasca Olives

DESSERTS

Crostata alle Mandorle con Crema di Limone e Basilico
Almond Tart with Lemon and Basil Cream

Mousse al Cioccolato Bianco con Salsa di Frutti di Bosco e Mandorle Tostate
White Chocolate Mousse with Mixed Berry Sauce and Toasted Almonds

Crostata di Pere Caramellate con Gelato alla Cannella e Riduzione di Vin Santo
Caramelized Pear Tart with Cinnamon Ice Cream and Vin Santo Reduction

Semifreddo al Pistacchio con Coulis di Limone e Mandorle Croccanti
Pistachio Semifreddo with Lemon Coulis and Crunchy Almonds

Cannoli Siciliani al Cioccolato Fondente e Ricotta Profumata all'Arancia

Sicilian Cannoli with Dark Chocolate and Orange-Infused Ricotta

Torta di Mele e Noci con Gelato alla Vaniglia e Caramello Salato

Apple and Walnut Cake with Vanilla Ice Cream and Salted Caramel

Panna Cotta al Limoncello con Frutti Rossi e Menta Fresca

Limoncello Panna Cotta with Red Berries and Fresh Mint

Zabaione al Moscato con Frutti Esotici e Biscotti al Burro

Moscato Zabaglione with Exotic Fruits and Butter Cookies

Sorbetto alla Pesca con Salsa di Cioccolato e Granella di Pistacchio

Peach Sorbet with Chocolate Sauce and Pistachio Crumbs

Crema al Limone in Frolla di Nocciole con Frutti di Bosco e Cioccolato Bianco Grattugiato

Lemon Cream in Hazelnut Shortcrust with Mixed Berries and Grated White Chocolate

PRIMI PIATTI – FIRST DISHES

Fusilli al Pesto di Pistacchio e Ricotta Salata (per 4 persone)

Ingredienti:

- 400g di fusilli
- 150g di pistacchi sgusciati
- 50g di ricotta salata
- 50g di formaggio pecorino grattugiato
- 1 mazzetto di basilico fresco
- 2 spicchi d'aglio
- Olio extravergine d'oliva
- Sale q.b.
- Pepe nero q.b.

Procedimento:

1. **Preparazione del Pesto di Pistacchio:**
   - Trita finemente i pistacchi con il basilico fresco, l'aglio, il formaggio pecorino grattugiato e un filo d'olio extravergine d'oliva fino a ottenere una consistenza cremosa.
   - Aggiusta di sale e pepe a seconda dei gusti. Se necessario, aggiungi un po' di olio in modo da ottenere una consistenza più fluida ma non troppo liquida.
2. **Cottura della Pasta:**
   - Porta a ebollizione una pentola di acqua salata e cuoci i fusilli seguendo le istruzioni sulla confezione per ottenere una cottura al dente. Scola la pasta, conservando un po' di acqua di cottura.
3. **Condimento e Servizio:**
   - In una grande ciotola, unisci i fusilli al pesto di pistacchio, mescolando delicatamente per garantire che ogni fusillo sia ben condito. Se necessario, aggiungi un paio di cucchiai di acqua di cottura della pasta per amalgamare meglio il pesto.
   - Grattugia la ricotta salata sopra i fusilli appena conditi.
   - Servi caldi, eventualmente guarnendo con qualche pistacchio intero e foglioline di basilico fresco.

Pistachio Pesto Fusilli with Salted Ricotta (for 4 people)

Ingredients:

- 400g fusilli pasta
- 150g shelled pistachios
- 50g salted ricotta
- 50g grated pecorino cheese
- 1 bunch of fresh basil
- 2 cloves of garlic
- Extra virgin olive oil
- Salt to taste
- Black pepper to taste

Instructions:

1. **Preparing the Pistachio Pesto:**
   - Finely chop the pistachios with fresh basil, garlic, grated pecorino cheese, and a drizzle of extra virgin olive oil until it forms a creamy consistency.
   - Season with salt and pepper according to taste. If needed, add a little more olive oil to achieve a smoother texture, but not too runny.

2. **Cooking the Pasta:**
   - Bring a pot of salted water to a boil and cook the fusilli according to package instructions for an al dente texture. Drain the pasta, saving some of the cooking water.

3. **Mixing and Serving:**
   - In a large bowl, combine the cooked fusilli with the pistachio pesto, gently stirring to ensure each pasta piece is well coated. If necessary, add a couple of tablespoons of pasta cooking water to help the pesto adhere better.
   - Grate the salted ricotta over the dressed pasta.
   - Serve hot, optionally garnishing with a few whole pistachios and fresh basil leaves.

Carpaccio di Zucchine con Salsa alle Mandorle e Menta (per 4 persone)

Ingredienti:

- 2 zucchine medie
- 50g di mandorle sbucciate
- 1 mazzetto di menta fresca
- Succo di 1 limone
- 50ml di olio extravergine d'oliva
- Sale q.b.
- Pepe nero q.b.
- Formaggio pecorino o parmigiano grattugiato (opzionale)

Procedimento:

1. **Preparazione delle Zucchine:**
   - Taglia le estremità delle zucchine e affettale molto sottilmente in modo da ottenere delle fettine trasparenti e sottili. Puoi usare una mandolina per ottenere fettine uniformi.
2. **Preparazione della Salsa alle Mandorle e Menta:**
   - In un frullatore, metti le mandorle, la menta fresca, il succo di limone, un pizzico di sale, pepe nero e l'olio extravergine d'oliva. Frulla il tutto fino a ottenere una crema omogenea.
3. **Assemblaggio del Carpaccio:**
   - Disponi le fettine di zucchine su un piatto da portata in uno strato uniforme.
   - Versa la salsa alle mandorle e menta sopra le zucchine in modo omogeneo, assicurandoti che ogni fetta sia leggermente condita.
   - Se gradito, spolvera il carpaccio con del formaggio pecorino o parmigiano grattugiato al momento di servire.
4. **Servire:**
   - Servi il Carpaccio di Zucchine subito, magari guarnendo con qualche fogliolina di menta fresca e una spruzzata di pepe nero macinato al momento.

Zucchini Carpaccio with Almond and Mint Sauce (for 4 people)

Ingredients:

- 2 medium zucchinis
- 50g peeled almonds

- 1 bunch of fresh mint
- Juice of 1 lemon
- 50ml extra virgin olive oil
- Salt to taste
- Black pepper to taste
- Grated pecorino or Parmesan cheese (optional)

Instructions:

1. **Preparing the Zucchini:**
   - Trim the ends of the zucchinis and thinly slice them into transparent, thin slices. You can use a mandolin for uniform slices.

2. **Making the Almond and Mint Sauce:**
   - In a blender, combine almonds, fresh mint, lemon juice, a pinch of salt, black pepper, and extra virgin olive oil. Blend until it forms a smooth cream.

3. **Assembling the Carpaccio:**
   - Arrange the zucchini slices on a serving plate in a uniform layer.
   - Pour the almond and mint sauce over the zucchini evenly, ensuring each slice is lightly coated.
   - If desired, sprinkle grated pecorino or Parmesan cheese over the carpaccio before serving.

4. **Serving:**
   - Serve the Zucchini Carpaccio immediately, perhaps garnishing with a few fresh mint leaves and a sprinkle of freshly ground black pepper.

Risotto alle Cozze e Zafferano con Crosta di Pangrattato al Limone (per 4 persone)

Ingredienti:

- 320g di riso Carnaroli o Arborio
- 1 kg di cozze pulite
- 1 bustina di zafferano in polvere (circa 0,1g)
- 1 cipolla media, tritata finemente
- 2 spicchi d'aglio, tritati
- 1 litro di brodo di pesce o vegetale
- 100ml di vino bianco secco
- Olio extravergine d'oliva
- Sale q.b.
- Pepe nero q.b.
- 50g di pangrattato
- Scorza grattugiata di 1 limone
- Prezzemolo fresco tritato

Procedimento:

1. **Preparazione delle Cozze:**
   - In una pentola capiente, scalda un filo d'olio d'oliva e aggiungi uno spicchio d'aglio. Aggiungi le cozze e falle aprire a fuoco medio-alto. Sguscia metà delle cozze e lascia l'altra metà con il guscio per guarnire il piatto. Filtra e conserva il liquido rilasciato dalle cozze.

2. **Preparazione del Risotto:**
   - In una pentola ampia, soffriggi la cipolla e l'altro spicchio d'aglio in un po' d'olio fino a quando diventano traslucidi. Aggiungi il riso e tostalo per un paio di minuti.
   - Sfuma con il vino bianco e lascia evaporare l'alcol.
   - Aggiungi lo zafferano al brodo caldo. Versa gradualmente il brodo al riso, mescolando continuamente e aggiungendone altro man mano che viene assorbito. Continua per circa 15-18 minuti fino a cottura quasi al dente.

3. **Preparazione della Crosta di Pangrattato al Limone:**
   - In una padella, tosta il pangrattato a fuoco basso con la scorza di limone grattugiata e un filo d'olio d'oliva fino a quando diventa dorato. Aggiungi il prezzemolo fresco tritato a fine cottura e mescola bene.

4. **Completamento del Risotto:**

o   Manteca il risotto con parte del liquido delle cozze e aggiusta di sale e pepe.

o   Aggiungi le cozze sgusciate e mescola delicatamente.

o   Impiatta il risotto e guarnisci con le cozze con il guscio sopra e cospargi generosamente con la crosta di pangrattato al limone prima di servire.

Saffron and Mussel Risotto with Lemon Zest Breadcrumb Crust (for 4 people)

Ingredients:

- 320g Carnaroli or Arborio rice
- 1 kg cleaned mussels
- 1 sachet of saffron powder (about 0.1g)
- 1 medium onion, finely chopped
- 2 cloves of garlic, minced
- 1 liter of fish or vegetable broth
- 100ml dry white wine
- Extra virgin olive oil
- Salt to taste
- Black pepper to taste
- 50g breadcrumbs
- Grated zest of 1 lemon
- Freshly chopped parsley

Instructions:

1. **Preparing the Mussels:**
   o   In a large pot, heat a drizzle of olive oil and add a clove of minced garlic. Add the mussels and let them open over medium-high heat. Shell half of the mussels and leave the other half in the shell for garnishing. Strain and save the liquid released by the mussels.

2. **Preparing the Risotto:**
   o   In a wide pot, sauté the chopped onion and another clove of minced garlic in some olive oil until translucent. Add the rice and toast it for a couple of minutes.
   o   Deglaze with the white wine and let the alcohol evaporate.
   o   Dissolve the saffron in the hot broth. Gradually pour the saffron-infused broth into the rice, stirring continuously and adding more as it gets absorbed. Continue for about 15-18 minutes until the rice is almost al dente.

3. **Preparing the Lemon Zest Breadcrumb Crust:**

- In a pan, toast the breadcrumbs over low heat with grated lemon zest and a drizzle of olive oil until golden. Add freshly chopped parsley towards the end and mix well.

4. **Completing the Risotto:**
    - Cream the risotto with some of the mussel liquid and adjust with salt and pepper.
    - Add the shelled mussels and gently mix.
    - Plate the risotto and garnish with the mussels in the shell on top. Generously sprinkle with the lemon zest breadcrumb crust before serving.

Gnocchi di Patate con Salsa di Pesto di Rucola e Noci Caramellate (per 4 persone)

Ingredienti:

Per gli Gnocchi:

- 1 kg di patate
- 250-300g di farina (tipo 00 o di grano tenero)
- 1 uovo
- Sale q.b.

Per la Salsa di Pesto di Rucola:

- 100g di rucola fresca
- 50g di noci
- 50g di Parmigiano Reggiano grattugiato
- 2 spicchi d'aglio
- 100ml di olio extravergine d'oliva
- Sale q.b.
- Pepe nero q.b.

Per le Noci Caramellate:

- 100g di noci sgusciate
- 50g di zucchero di canna
- 1 cucchiaio d'acqua

Procedimento:

1. **Preparazione degli Gnocchi:**
   - Lessa le patate con la buccia finché diventano morbide. Scola, sbuccia e schiacciale in una ciotola grande.
   - Aggiungi la farina, l'uovo e un pizzico di sale. Lavora l'impasto fino a ottenere una consistenza omogenea. Se l'impasto è troppo appiccicoso, aggiungi più farina.
   - Dividi l'impasto in pezzi e forma dei rotoli di circa 2 cm di diametro. Taglia i rotoli in piccoli pezzi e riga ogni gnocco con la forchetta.
2. **Preparazione della Salsa di Pesto di Rucola:**

- In un mixer, unisci la rucola lavata e asciugata, le noci, il Parmigiano Reggiano, gli spicchi d'aglio, l'olio extravergine d'oliva, sale e pepe. Frulla fino a ottenere una consistenza liscia.

3. **Preparazione delle Noci Caramellate:**
   - In una padella antiaderente, scalda lo zucchero di canna e l'acqua finché lo zucchero non si scioglie. Aggiungi le noci e mescola bene fino a quando sono ben caramellate. Trasferisci le noci su un foglio di carta forno e lasciale raffreddare.

4. **Cottura degli Gnocchi e Completamento del Piatto:**
   - Lessa gli gnocchi in acqua salata bollente fino a quando non salgono in superficie (circa 2-3 minuti). Scola gli gnocchi cotti e trasferiscili in una padella con la salsa di pesto di rucola, mescolando delicatamente.
   - Servi gli gnocchi conditi con la salsa di pesto di rucola e guarnisci con le noci caramellate.

Potato Gnocchi with Arugula Pesto Sauce and Caramelized Walnuts (for 4 people)

Ingredients:

For the Gnocchi:

- 1 kg potatoes
- 250-300g flour (type 00 or all-purpose)
- 1 egg
- Salt to taste

For the Arugula Pesto Sauce:

- 100g fresh arugula
- 50g walnuts
- 50g grated Parmesan cheese
- 2 cloves of garlic
- 100ml extra virgin olive oil
- Salt to taste
- Black pepper to taste

For the Caramelized Walnuts:

- 100g shelled walnuts
- 50g brown sugar
- 1 tablespoon water

Instructions:

1. **Making the Gnocchi:**
   - Boil the potatoes with the skin until they become tender. Drain, peel, and mash them in a large bowl.
   - Add the flour, egg, and a pinch of salt. Work the dough until it forms a smooth texture. If the dough is too sticky, add more flour.
   - Divide the dough into pieces and roll them into logs about 2 cm in diameter. Cut the logs into small pieces and create ridges on each gnocco using a fork.

2. **Preparing the Arugula Pesto Sauce:**
   - In a blender, combine the washed and dried arugula, walnuts, Parmesan cheese, garlic cloves, extra virgin olive oil, salt, and pepper. Blend until smooth.

3. **Making the Caramelized Walnuts:**
   - In a non-stick pan, heat the brown sugar and water until the sugar dissolves. Add the walnuts and stir well until they are well caramelized. Transfer the caramelized walnuts onto a parchment paper and let them cool.

4. **Cooking the Gnocchi and Assembling the Dish:**
   - Boil the gnocchi in boiling salted water until they float to the surface (about 2-3 minutes). Drain the cooked gnocchi and transfer them to a pan with the arugula pesto sauce, gently mixing.
   - Serve the gnocchi coated with the arugula pesto sauce and garnish with the caramelized walnuts.

Lasagna di Verdure Grigliate con Bechamel al Timo e Grana Croccante
(per 4 persone)

Ingredienti:

Per le Verdure Grigliate:

- 2 zucchine
- 2 melanzane
- 2 peperoni (uno rosso e uno giallo)
- 2 pomodori
- Olio extravergine d'oliva
- Sale q.b.
- Pepe nero q.b.
- Foglie di basilico fresco

Per la Bechamel al Timo:

- 50g di burro
- 50g di farina
- 500ml di latte
- Foglie di timo fresco
- Noce moscata q.b.
- Sale q.b.
- Pepe nero q.b.

Per la Lasagna:

- Fogli di lasagna all'uovo
- Verdure grigliate
- Bechamel al timo
- Grana Padano grattugiato

Procedimento:

1. **Preparazione delle Verdure Grigliate:**
   - Affetta le zucchine, le melanzane e i peperoni a fette sottili. Taglia i pomodori a fette.

- o Scalda una griglia o una padella grill e spennella le verdure con olio d'oliva. Griglia le verdure fino a quando sono morbide e leggermente affumicate. Condisci con sale, pepe e foglie di basilico.

2. **Preparazione della Bechamel al Timo:**
   - o In un pentolino, sciogli il burro a fuoco medio. Aggiungi la farina e mescola bene per formare un roux. Cuoci per un paio di minuti senza farlo colorare.
   - o Aggiungi gradualmente il latte caldo, mescolando continuamente per evitare grumi. Aggiungi le foglie di timo, una grattugiata di noce moscata, sale e pepe. Cuoci fino a quando la salsa si addensa.

3. **Montaggio della Lasagna:**
   - o Preriscalda il forno a 180°C.
   - o In una teglia da forno, distribuisci uno strato di bechamel sul fondo. Aggiungi un primo strato di fogli di lasagna, quindi alternati strati di verdure grigliate, bechamel al timo e grana padano grattugiato.
   - o Continua a stratificare fino alla cima, assicurandoti di terminare con uno strato di bechamel e grana padano.
   - o Copri la teglia con carta stagnola e inforna per circa 30-40 minuti. Togli la carta stagnola e lascia gratinare per altri 10-15 minuti finché la superficie è dorata.

Grilled Vegetable Lasagna with Thyme Bechamel and Crispy Grana (for 4 people)

Ingredients:

For Grilled Vegetables:

- 2 zucchinis
- 2 eggplants
- 2 bell peppers (one red and one yellow)
- 2 tomatoes
- Extra virgin olive oil
- Salt to taste
- Black pepper to taste
- Fresh basil leaves

For Thyme Bechamel:

- 50g butter
- 50g flour
- 500ml milk
- Fresh thyme leaves

- Nutmeg to taste
- Salt to taste
- Black pepper to taste

For Lasagna:

- Egg lasagna sheets
- Grilled vegetables
- Thyme bechamel
- Grated Grana Padano cheese

Instructions:

1. **Preparing Grilled Vegetables:**
   - Slice zucchinis, eggplants, and bell peppers thinly. Cut tomatoes into slices.
   - Heat a grill or grill pan and brush vegetables with olive oil. Grill until tender and slightly charred. Season with salt, pepper, and basil leaves.
2. **Preparing Thyme Bechamel:**
   - In a saucepan, melt butter over medium heat. Add flour and mix well to form a roux. Cook for a couple of minutes without letting it brown.
   - Gradually add warm milk, stirring constantly to avoid lumps. Add thyme leaves, a grating of nutmeg, salt, and pepper. Cook until the sauce thickens.
3. **Assembling the Lasagna:**
   - Preheat the oven to 180°C (356°F).
   - In a baking dish, spread a layer of bechamel sauce at the bottom. Add a first layer of lasagna sheets, then alternate layers of grilled vegetables, thyme bechamel, and grated Grana Padano cheese.
   - Continue layering until the top, ensuring to finish with a layer of bechamel and Grana Padano cheese.
   - Cover the baking dish with foil and bake for about 30-40 minutes. Remove the foil and let it gratinate for another 10-15 minutes until the top is golden brown.

Spaghetti al Nero di Seppia con Gamberi, Pomodorini e Emulsione di Limone e Prezzemolo (per 4 persone)

Ingredienti:

- 320g di spaghetti al nero di seppia
- 250g di gamberi freschi, sgusciati e puliti
- 200g di pomodorini ciliegino, tagliati a metà
- Olio extravergine d'oliva
- 3 spicchi d'aglio, affettati sottilmente
- Peperoncino fresco (opzionale)
- Sale q.b.
- Prezzemolo fresco, tritato finemente

Per l'Emulsione di Limone:

- Succo di 2-3 limoni
- Scorza grattugiata di 1 limone
- 4 cucchiai di olio extravergine d'oliva
- Sale q.b.
- Pepe nero q.b.

Procedimento:

1. **Preparazione dell'Emulsione di Limone:**
   - In una ciotola, unisci il succo di limone, la scorza grattugiata, l'olio extravergine d'oliva, sale e pepe. Mescola energicamente fino a ottenere un'emulsione omogenea. Metti da parte.

2. **Cottura degli Spaghetti e Preparazione del Condimento:**
   - Cuoci gli spaghetti al nero di seppia in abbondante acqua salata seguendo le istruzioni sulla confezione per ottenere una consistenza al dente.
   - In una padella capiente, scalda l'olio extravergine d'oliva. Aggiungi gli spicchi d'aglio e il peperoncino fresco (se usato). Aggiungi i gamberi e cuoci finché diventano rosa e ben cotti. Aggiungi i pomodorini tagliati a metà e cuoci per qualche minuto finché si ammorbidiscono leggermente.

3. **Completamento del Piatto:**
   - Scola gli spaghetti al dente e trasferiscili direttamente nella padella con i gamberi e i pomodorini. Mescola delicatamente per amalgamare i sapori.
   - Aggiungi l'emulsione di limone preparata e parte del prezzemolo tritato. Mescola bene per distribuire uniformemente la salsa e il condimento.

o   Servi gli spaghetti al nero di seppia guarnendo con il restante prezzemolo fresco e, se desideri, una spruzzata aggiuntiva di scorza di limone grattugiata.

Squid Ink Spaghetti with Shrimp, Cherry Tomatoes, and Lemon-Parsley Emulsion (for 4 people)

Ingredients:

- 320g squid ink spaghetti
- 250g fresh shrimp, peeled and deveined
- 200g cherry tomatoes, halved
- Extra virgin olive oil
- 3 cloves garlic, thinly sliced
- Fresh red chili (optional)
- Salt to taste
- Fresh parsley, finely chopped

For Lemon Emulsion:

- Juice of 2-3 lemons
- Zest of 1 lemon
- 4 tablespoons extra virgin olive oil
- Salt to taste
- Black pepper to taste

Instructions:

1. **Preparing the Lemon Emulsion:**
   - In a bowl, combine lemon juice, lemon zest, extra virgin olive oil, salt, and black pepper. Whisk vigorously until it forms a homogeneous emulsion. Set aside.
2. **Cooking Spaghetti and Preparing the Sauce:**
   - Cook the squid ink spaghetti in a large pot of salted boiling water according to package instructions until al dente.
   - In a large pan, heat extra virgin olive oil. Add the sliced garlic and fresh red chili (if using). Add the shrimp and cook until they turn pink and are fully cooked. Add the halved cherry tomatoes and cook for a few minutes until they slightly soften.
3. **Completing the Dish:**
   - Drain the cooked squid ink spaghetti and transfer it directly into the pan with the shrimp and tomatoes. Gently toss to combine and blend the flavors.

- Add the prepared lemon emulsion and part of the chopped parsley. Mix well to evenly coat the pasta with the sauce and seasoning.
- Serve the squid ink spaghetti garnished with the remaining fresh parsley and, if desired, an additional sprinkle of grated lemon zest.

Couscous al Curry con Ceci Croccanti e Salsa di Yogurt al Cumino (per 4 persone)

Ingredienti:

Per il Couscous:

- 200g di couscous
- 300ml di brodo vegetale
- 1 cucchiaio di curry in polvere
- 1 cipolla rossa, tritata finemente
- 2 cucchiai di olio d'oliva
- Sale q.b.
- Pepe nero q.b.
- Prezzemolo fresco, tritato (per guarnire)

Per i Ceci Croccanti:

- 400g di ceci precotti
- 2 cucchiai di olio d'oliva
- 1 cucchiaino di paprika dolce
- Sale q.b.

Per la Salsa di Yogurt al Cumino:

- 200g di yogurt greco
- 1 cucchiaino di cumino in polvere
- Succo di mezzo limone
- Sale q.b.
- Pepe nero q.b.
- Menta fresca, tritata finemente (per guarnire)

Procedimento:

1. **Preparazione del Couscous:**
   - In una casseruola, scalda l'olio d'oliva e aggiungi la cipolla rossa. Rosola leggermente finché diventa traslucida.
   - Aggiungi il curry in polvere e mescola per un minuto per far sprigionare i profumi. Aggiungi il brodo vegetale e porta ad ebollizione.

- Versa il couscous in una ciotola e coprilo con il brodo bollente. Copri con un coperchio e lascia riposare per circa 5-7 minuti. Sgranalo con una forchetta.

2. **Preparazione dei Ceci Croccanti:**
   - Preriscalda il forno a 200°C.
   - Sciacqua e scola bene i ceci. Asciugali con un canovaccio per rimuovere l'umidità.
   - In una ciotola, condisci i ceci con olio d'oliva, paprika dolce, sale e pepe.
   - Distribuisci i ceci su una teglia foderata con carta forno e inforna per circa 20-25 minuti o finché diventano croccanti.

3. **Preparazione della Salsa di Yogurt al Cumino:**
   - In una ciotola, mescola lo yogurt greco, il cumino in polvere, il succo di limone, sale e pepe. Mescola fino a ottenere una salsa omogenea.

4. **Completamento del Piatto:**
   - Servi il couscous condito con la cipolla e il curry, guarnendo con prezzemolo fresco tritato.
   - Accompagna il couscous con i ceci croccanti e una generosa cucchiaiata di salsa di yogurt al cumino.
   - Guarnisci il piatto con foglie di menta fresca prima di servire.

Curry Couscous with Crunchy Chickpeas and Cumin Yogurt Sauce (for 4 people)

Ingredients:

For Couscous:

- 200g couscous
- 300ml vegetable broth
- 1 tablespoon curry powder
- 1 red onion, finely chopped
- 2 tablespoons olive oil
- Salt to taste
- Black pepper to taste
- Fresh parsley, chopped (for garnish)

For Crunchy Chickpeas:

- 400g precooked chickpeas
- 2 tablespoons olive oil
- 1 teaspoon sweet paprika
- Salt to taste

For Cumin Yogurt Sauce:

- 200g Greek yogurt
- 1 teaspoon ground cumin
- Juice of half a lemon
- Salt to taste
- Black pepper to taste
- Fresh mint, finely chopped (for garnish)

Instructions:

1. **Preparing the Couscous:**
   - In a saucepan, heat olive oil and add the chopped red onion. Sauté until translucent.
   - Add curry powder and stir for a minute to release the aroma. Pour in the vegetable broth and bring it to a boil.
   - Place the couscous in a bowl and pour the boiling broth over it. Cover with a lid and let it sit for about 5-7 minutes. Fluff with a fork.

2. **Preparing the Crunchy Chickpeas:**
   - Preheat the oven to 200°C (392°F).
   - Rinse and drain the chickpeas well. Pat them dry with a kitchen towel to remove excess moisture.
   - In a bowl, toss the chickpeas with olive oil, sweet paprika, salt, and pepper.
   - Spread the chickpeas onto a baking sheet lined with parchment paper and bake for approximately 20-25 minutes or until they turn crunchy.

3. **Preparing the Cumin Yogurt Sauce:**
   - In a bowl, mix together Greek yogurt, ground cumin, lemon juice, salt, and pepper. Stir until it forms a smooth sauce.

4. **Assembling the Dish:**
   - Serve the couscous seasoned with onion and curry, garnished with chopped fresh parsley.
   - Accompany the couscous with the crunchy chickpeas and a generous dollop of cumin yogurt sauce.
   - Garnish the dish with fresh mint leaves before serving.

o

Tagliatelle di Zucchine con Pesto di Menta, Piselli e Scorza di Limone Grattugiata (per 4 persone)

Ingredienti:

Per le Tagliatelle di Zucchine:

- 4 zucchine medie
- Olio d'oliva
- Sale q.b.
- Pepe nero q.b.

Per il Pesto di Menta:

- 2 tazze di foglie di menta fresca
- 50g di mandorle tostate
- 1 spicchio d'aglio
- 50g di pecorino grattugiato
- 100ml di olio d'oliva
- Sale q.b.
- Pepe nero q.b.

Per Condire:

- 200g di piselli freschi o surgelati
- Scorza grattugiata di 1 limone
- Formaggio pecorino grattugiato (per servire)
- Menta fresca, foglie intere (per guarnire)

Procedimento:

1. **Preparazione delle Tagliatelle di Zucchine:**
   - Con l'aiuto di un pelapatate o di una mandolina, taglia le zucchine a strisce sottili nel senso della lunghezza.
   - In una padella capiente, scalda un filo d'olio d'oliva. Aggiungi le strisce di zucchine e cuoci per circa 3-4 minuti fino a quando diventano tenere ma non molli. Aggiusta di sale e pepe. Tieni da parte.
2. **Preparazione del Pesto di Menta:**
   - In un frullatore, unisci le foglie di menta, le mandorle tostate, lo spicchio d'aglio, il pecorino grattugiato e l'olio d'oliva.

- o   Frulla gli ingredienti fino a ottenere una consistenza cremosa. Regola di sale e pepe secondo il tuo gusto.

3. **Completamento del Piatto:**
   - o   In una pentola con acqua salata bollente, cuoci i piselli fino a quando diventano morbidi. Scolali e tieni da parte.
   - o   In una ciotola grande, unisci le tagliatelle di zucchine con i piselli cotti. Aggiungi il pesto di menta preparato e la scorza grattugiata di limone. Mescola delicatamente per amalgamare bene il condimento.
   - o   Servi le tagliatelle di zucchine e piselli con una generosa spolverata di pecorino grattugiato e guarnisci con foglie di menta fresca.

Zucchini Tagliatelle with Mint Pesto, Peas, and Grated Lemon Zest (for 4 people)

Ingredients:

For Zucchini Tagliatelle:

- 4 medium-sized zucchinis
- Olive oil
- Salt to taste
- Black pepper to taste

For Mint Pesto:

- 2 cups fresh mint leaves
- 50g toasted almonds
- 1 clove garlic
- 50g grated pecorino cheese
- 100ml olive oil
- Salt to taste
- Black pepper to taste

To Garnish:

- 200g fresh or frozen peas
- Grated zest of 1 lemon
- Grated pecorino cheese (for serving)
- Fresh mint leaves (whole, for garnish)

Instructions:

1. **Preparing the Zucchini Tagliatelle:**
   - Using a vegetable peeler or mandoline, cut the zucchinis into thin strips lengthwise.
   - In a large skillet, heat a drizzle of olive oil. Add the zucchini strips and cook for about 3-4 minutes until they become tender but not mushy. Season with salt and pepper. Set aside.

2. **Making the Mint Pesto:**
   - In a blender, combine the mint leaves, toasted almonds, garlic clove, grated pecorino cheese, and olive oil.
   - Blend the ingredients until you achieve a creamy consistency. Adjust salt and pepper according to your taste.

3. **Assembling the Dish:**
   - In a pot of boiling salted water, cook the peas until tender. Drain and set aside.
   - In a large mixing bowl, toss the zucchini tagliatelle with the cooked peas. Add the prepared mint pesto and grated lemon zest. Gently toss to combine and coat the mixture evenly.
   - Serve the zucchini tagliatelle and peas with a generous sprinkle of grated pecorino cheese and garnish with fresh mint leaves.

Ravioli di Ricotta e Spinaci con Burro all'Arancia e Salvia Croccante (per 4 persone)

Ingredienti:

Per i Ravioli:

- 300g di pasta per ravioli (o fatta in casa)
- 200g di ricotta fresca
- 150g di spinaci freschi, lessati e strizzati
- 50g di parmigiano grattugiato
- Noce moscata q.b.
- Sale q.b.
- Pepe nero q.b.

Per il Burro all'Arancia:

- 100g di burro
- Scorza grattugiata di 1 arancia
- Succo di 1 arancia
- Foglie di salvia fresca

Procedimento:

1. **Preparazione dei Ravioli:**
   - In una ciotola, mescola la ricotta, gli spinaci lessati e strizzati, il parmigiano grattugiato, la noce moscata, il sale e il pepe nero. Questo sarà il ripieno dei ravioli.
   - Stendi la pasta per ravioli su una superficie leggermente infarinata. Distribuisci il ripieno a cucchiaiate uniformi sulla pasta, mantenendo un po' di spazio tra ogni ripieno.
   - Copri con un altro strato di pasta e sigilla i bordi dei ravioli con le dita o una forchetta. Taglia i ravioli con una rotella dentata.
2. **Preparazione del Burro all'Arancia e Salvia Croccante:**
   - In una padella, sciogli il burro a fuoco medio. Aggiungi la scorza grattugiata e il succo d'arancia. Lascia cuocere a fuoco dolce fino a quando il burro si sarà leggermente ridotto e aromatizzato, per circa 3-4 minuti.
   - In un'altra padella, scalda un filo d'olio e aggiungi le foglie di salvia. Friggile fino a quando diventano croccanti. Scolale su carta assorbente.
3. **Cottura dei Ravioli:**

- In una pentola capiente, porta abbondante acqua salata a ebollizione. Cuoci i ravioli per circa 3-4 minuti o fino a quando vengono a galla. Scolali con delicatezza utilizzando un mestolo forato.

4. **Assemblaggio del Piatto:**
   - Disponi i ravioli su un piatto da portata. Versa sopra il burro all'arancia profumato. Guarnisci con le foglie di salvia croccante.

Ricotta and Spinach Ravioli with Orange Butter and Crispy Sage (for 4 people)

Ingredients:

For Ravioli:

- 300g ravioli pasta (store-bought or homemade)
- 200g fresh ricotta
- 150g fresh spinach, boiled and squeezed
- 50g grated Parmesan cheese
- Nutmeg, to taste
- Salt, to taste
- Black pepper, to taste

For Orange Butter:

- 100g butter
- Zest of 1 orange
- Juice of 1 orange
- Fresh sage leaves

Instructions:

1. **Preparing the Ravioli:**
   - In a bowl, mix together the ricotta, boiled and squeezed spinach, grated Parmesan cheese, nutmeg, salt, and black pepper. This will be the ravioli filling.
   - Roll out the ravioli pasta on a lightly floured surface. Place spoonfuls of the filling evenly spaced on the pasta sheet, leaving some space between each filling.
   - Cover with another layer of pasta and seal the edges of the ravioli with your fingers or a fork. Cut the ravioli using a fluted wheel cutter.

2. **Making the Orange Butter and Crispy Sage:**

- In a pan, melt the butter over medium heat. Add the grated orange zest and orange juice. Let it simmer until the butter slightly reduces and becomes aromatic, for about 3-4 minutes.
- In another pan, heat a drizzle of oil and add the sage leaves. Fry them until they turn crispy. Remove and drain them on a paper towel.

3. **Cooking the Ravioli:**
- In a large pot, bring a generous amount of salted water to a boil. Cook the ravioli for about 3-4 minutes or until they float to the surface. Gently remove them using a slotted spoon.

4. **Assembling the Dish:**
- Place the ravioli on a serving plate. Pour the fragrant orange butter over them. Garnish with the crispy sage leaves.

Farro con Funghi Misti, Cavolo Nero e Riduzione di Balsamico (per 4 persone)

Ingredienti:

- 300g di farro
- 200g di funghi misti (porcini, champignon, etc.)
- 150g di cavolo nero
- 1 cipolla rossa
- 2 spicchi d'aglio
- 50ml di aceto balsamico
- Brodo vegetale q.b.
- Olio extravergine d'oliva
- Sale q.b.
- Pepe nero q.b.
- Prezzemolo fresco tritato (per guarnire)

Procedimento:

1. **Preparazione del Farro:**
   - Lessa il farro in abbondante acqua salata per il tempo indicato sulla confezione finché risulta al dente. Scolalo e mettilo da parte.
2. **Preparazione del Condimento:**
   - Taglia finemente la cipolla e l'aglio. Trita grossolanamente il cavolo nero. Pulisci i funghi e tagliali a fette.
   - In una padella capiente, scalda un filo d'olio e aggiungi la cipolla e l'aglio. Quando diventano dorati, unisci i funghi e fai cuocere finché sono morbidi.
   - Aggiungi il cavolo nero e continua la cottura fino a quando si ammorbidisce. Aggiusta di sale e pepe.
3. **Preparazione della Riduzione di Balsamico:**
   - In un pentolino, versa l'aceto balsamico e portalo a ebollizione. Riduci il fuoco e lascia cuocere a fuoco dolce finché si addensa leggermente, formando una riduzione sciropposa.
4. **Completamento del Piatto:**
   - Unisci il farro al condimento di funghi e cavolo nero. Aggiungi un po' di brodo vegetale se necessario per amalgamare gli ingredienti.
   - Servi il farro con funghi misti e cavolo nero su piatti individuali. Guarnisci con un filo di riduzione di balsamico e prezzemolo fresco tritato.

Spelt with Mixed Mushrooms, Tuscan Kale, and Balsamic Reduction (for 4 people)

Ingredients:

- 300g spelt
- 200g mixed mushrooms (porcini, champignon, etc.)
- 150g Tuscan kale
- 1 red onion
- 2 cloves of garlic
- 50ml balsamic vinegar
- Vegetable broth, as needed
- Extra virgin olive oil
- Salt, to taste
- Black pepper, to taste
- Chopped fresh parsley (for garnish)

Instructions:

1. **Preparing the Spelt:**
   - Boil the spelt in plenty of salted water until al dente, following the package instructions. Drain and set aside.
2. **Preparing the Sauce:**
   - Finely chop the onion and garlic. Coarsely chop the Tuscan kale. Clean and slice the mushrooms.
   - In a large pan, heat a drizzle of olive oil and add the onion and garlic. Once they turn golden, add the mushrooms and cook until they soften.
   - Add the Tuscan kale and continue cooking until it wilts. Season with salt and pepper.
3. **Making the Balsamic Reduction:**
   - In a saucepan, pour the balsamic vinegar and bring it to a boil. Reduce the heat and let it simmer until it thickens slightly, forming a syrupy reduction.
4. **Assembling the Dish:**
   - Mix the cooked spelt into the mushroom and Tuscan kale mixture. Add a little vegetable broth if needed to bring everything together.
   - Serve the spelt with mixed mushrooms and Tuscan kale on individual plates. Drizzle each serving with a bit of balsamic reduction and sprinkle with chopped fresh parsley.

SECONDI PIATTI – SECOND DISHES

Pollo alla Griglia con Riduzione di Melograno e Rosmarino (per 4 persone)

Ingredienti:

- 4 petti di pollo
- 2 tazze di succo di melograno
- 2 cucchiai di miele
- 2 rametti di rosmarino fresco
- Sale q.b.
- Pepe nero q.b.
- Olio d'oliva extravergine

Procedimento:

1. **Preparazione della Riduzione di Melograno e Rosmarino:**
    - Inizia preparando la riduzione di melograno. Versa il succo di melograno in una pentola e aggiungi i rametti di rosmarino.
    - Porta il succo a ebollizione, abbassa la fiamma e lascia sobbollire a fuoco lento per circa 20-25 minuti o finché non si sarà ridotto di circa metà. Aggiungi il miele verso la fine della cottura per addensare leggermente la riduzione.
    - Filtra il liquido per rimuovere i rametti di rosmarino e ottieni una riduzione densa. Lascia da parte.
2. **Preparazione del Pollo:**
    - Preriscalda la griglia a fuoco medio-alto.
    - Marinare il pollo con olio d'oliva, sale e pepe.
    - Una volta che la griglia è calda, posiziona i petti di pollo sulla griglia e cuoci per circa 5-7 minuti per lato, o finché non sono ben cotti.
3. **Servire:**
    - Una volta cotti, disponi i petti di pollo su un piatto da portata.
    - Versa generosamente la riduzione di melograno e rosmarino sopra il pollo grigliato, assicurandoti di distribuirla uniformemente.

Grilled Chicken with Pomegranate Reduction and Rosemary (for 4 people)

Ingredients:

- 4 chicken breasts
- 2 cups pomegranate juice
- 2 tablespoons honey
- 2 sprigs fresh rosemary
- Salt to taste
- Black pepper to taste
- Extra virgin olive oil

Instructions:

1. **Preparing the Pomegranate Reduction with Rosemary:**
   - Start by making the pomegranate reduction. Pour the pomegranate juice into a saucepan and add the rosemary sprigs.
   - Bring the juice to a boil, reduce the heat, and let it simmer over low heat for about 20-25 minutes or until it reduces by half. Add the honey towards the end of cooking to slightly thicken the reduction.
   - Strain the liquid to remove the rosemary sprigs, leaving you with a dense reduction. Set it aside.
2. **Preparing the Chicken:**
   - Preheat the grill to medium-high heat.
   - Marinate the chicken with olive oil, salt, and pepper.
   - Once the grill is hot, place the chicken breasts on it and grill for about 5-7 minutes per side or until they are thoroughly cooked with grill marks.
3. **Serving:**
   - Once cooked, arrange the grilled chicken on a serving plate.
   - Drizzle the pomegranate and rosemary reduction generously over the grilled chicken, making sure to distribute it evenly.
   - Optionally, garnish with a few fresh rosemary sprigs for a decorative touch.

Salmone al Sesamo con Salsa di Arancia e Timo (per 4 persone)

Ingredienti:

- 4 filetti di salmone
- 2 cucchiai di semi di sesamo
- Scorza grattugiata di 1 arancia
- Succo di 2 arance
- 2 cucchiai di miele
- 2 rametti di timo fresco
- Sale q.b.
- Pepe nero q.b.
- Olio d'oliva extravergine

Procedimento:

1. **Marinatura e Preparazione del Salmone:**
   - Inizia marinando i filetti di salmone con un po' di succo d'arancia, sale e pepe. Lascia marinare per almeno 15-20 minuti.
   - Passa i filetti di salmone nei semi di sesamo in modo che aderiscano bene.

2. **Preparazione della Salsa di Arancia e Timo:**
   - In una pentola, versa il succo di arancia, aggiungi la scorza grattugiata, il miele e i rametti di timo.
   - Porta a ebollizione e riduci il fuoco. Lascia cuocere per circa 10-15 minuti finché la salsa si addensa leggermente. Assicurati di rimuovere i rametti di timo prima di servire.

3. **Cottura del Salmone:**
   - Scalda una padella antiaderente con un filo d'olio d'oliva extravergine a fuoco medio-alto.
   - Adagia i filetti di salmone nella padella e cuoci per circa 3-4 minuti per lato, o finché sono dorati e cotti uniformemente.

4. **Servire:**
   - Disponi i filetti di salmone su un piatto da portata.
   - Versa generosamente la salsa di arancia e timo sopra il salmone.
   - Puoi guarnire con qualche fogliolina di timo fresco per un tocco finale.

Sesame Crusted Salmon with Orange and Thyme Sauce (for 4 people)

Ingredients:

- 4 salmon fillets
- 2 tablespoons sesame seeds
- Zest of 1 orange
- Juice of 2 oranges
- 2 tablespoons honey
- 2 sprigs fresh thyme
- Salt to taste
- Black pepper to taste
- Extra virgin olive oil

Instructions:

1. **Marinating and Preparing the Salmon:**
   - Begin by marinating the salmon fillets with some orange juice, salt, and pepper. Let them marinate for at least 15-20 minutes.
   - Coat the salmon fillets with sesame seeds, ensuring they adhere well.
2. **Preparing the Orange and Thyme Sauce:**
   - In a saucepan, pour the orange juice, add the grated orange zest, honey, and the sprigs of thyme.
   - Bring it to a boil and then reduce the heat. Let it simmer for about 10-15 minutes until the sauce slightly thickens. Remember to remove the thyme sprigs before serving.
3. **Cooking the Salmon:**
   - Heat a non-stick skillet with a drizzle of extra virgin olive oil over medium-high heat.
   - Place the salmon fillets in the skillet and cook for about 3-4 minutes on each side or until they are golden and cooked through.
4. **Serving:**
   - Arrange the salmon fillets on a serving plate.
   - Generously drizzle the orange and thyme sauce over the salmon.
   - Optionally, garnish with a few fresh thyme leaves for a finishing touch.

Filetto di Maiale Glassato al Miele con Pere Caramellate e Salsa di Vino Rosso e Cannella (per 4 persone)

Ingredienti:

- 4 filetti di maiale
- 2 pere mature
- 4 cucchiai di miele
- 1 tazza di vino rosso
- 1 cucchiaino di cannella in polvere
- Sale q.b.
- Pepe nero q.b.
- Olio d'oliva extravergine

Procedimento:

1. **Caramellizzazione delle Pere:**
   - Sbuccia e taglia le pere a fette spesse. In una padella antiaderente, scalda due cucchiai di miele e aggiungi le fette di pere.
   - Lascia cuocere a fuoco medio-basso per circa 8-10 minuti, girando di tanto in tanto, finché le pere saranno morbide e leggermente caramellate. Trasferiscile in un piatto e mettile da parte.

2. **Preparazione del Filetto di Maiale:**
   - Scalda una padella con un filo d'olio d'oliva a fuoco medio-alto.
   - Condisci i filetti di maiale con sale e pepe. Aggiungi i filetti nella padella calda e cuoci per circa 4-5 minuti per lato o finché sono dorati e cotti uniformemente.

3. **Preparazione della Salsa di Vino Rosso e Cannella:**
   - Nella stessa padella dove hai cotto il maiale, versa il vino rosso rimanente e un cucchiaino di cannella.
   - Lascia cuocere a fuoco medio-alto fino a quando il vino si sarà ridotto e addensato leggermente, mescolando di tanto in tanto. Questo può richiedere circa 5-7 minuti.

4. **Glassatura del Maiale:**
   - Aggiungi i rimanenti due cucchiai di miele alla padella con il vino ridotto.
   - Rimetti i filetti di maiale nella padella e girali delicatamente per glassarli con la salsa di vino rosso, miele e cannella. Lascia cuocere per altri 2-3 minuti.

5. **Servire:**
   - o Disponi i filetti di maiale su un piatto da portata.
   - o Adagia sopra le fette di pere caramellate.
   - o Versa un po' della salsa di vino rosso e cannella sulla carne e sulle pere.

Honey Glazed Pork Tenderloin with Caramelized Pears and Red Wine Cinnamon Sauce (for 4 people)

Ingredients:

- 4 pork tenderloin fillets
- 2 ripe pears
- 4 tablespoons honey
- 1 cup red wine
- 1 teaspoon ground cinnamon
- Salt to taste
- Black pepper to taste
- Extra virgin olive oil

Instructions:

1. **Caramelizing the Pears:**
   - o Peel and slice the pears into thick slices. In a non-stick skillet, heat two tablespoons of honey and add the pear slices.
   - o Cook over medium-low heat for about 8-10 minutes, turning occasionally, until the pears are soft and lightly caramelized. Transfer them to a plate and set aside.
2. **Preparing the Pork Tenderloin:**
   - o Heat a skillet with a drizzle of extra virgin olive oil over medium-high heat.
   - o Season the pork tenderloin fillets with salt and pepper. Add the fillets to the hot skillet and cook for about 4-5 minutes on each side or until golden brown and cooked through.
3. **Preparing the Red Wine and Cinnamon Sauce:**
   - o In the same skillet where you cooked the pork, pour the remaining red wine and add a teaspoon of cinnamon.
   - o Let it cook over medium-high heat until the wine reduces and thickens slightly, stirring occasionally. This may take about 5-7 minutes.
4. **Glazing the Pork:**
   - o Add the remaining two tablespoons of honey to the skillet with the reduced wine.

- - Place the pork fillets back into the skillet and gently coat them with the red wine, honey, and cinnamon sauce. Cook for another 2-3 minutes.

5. **Serving:**
   - Arrange the pork fillets on a serving plate.
   - Place the caramelized pear slices on top of the pork.
   - Drizzle some of the red wine and cinnamon sauce over the pork and pears.

Agnello alla Griglia con Salsa di Menta e Peperoni Arrostiti (per 4 persone)

Ingredienti:

- 4 bistecche di agnello
- 2 peperoni rossi
- 1 peperone giallo
- Olio d'oliva extravergine
- Sale q.b.
- Pepe nero q.b.

Per la Salsa di Menta:

- 1 mazzetto di menta fresca
- 1 spicchio d'aglio
- 2 cucchiai di aceto di vino bianco
- 3 cucchiai di olio d'oliva extravergine
- Sale q.b.
- Pepe nero q.b.

Procedimento:

1. **Marinatura e Preparazione dell'Agnello:**
   - Inizia marinando le bistecche di agnello con un filo d'olio d'oliva, sale e pepe. Lasciale marinare in frigorifero per almeno 30 minuti.
   - Nel frattempo, prepara i peperoni arrostiti.
2. **Preparazione dei Peperoni Arrostiti:**
   - Scalda il forno alla massima temperatura in modalità grill.
   - Taglia i peperoni a metà, rimuovi i semi e i filamenti interni.
   - Ungi le mezze peperonate con un po' d'olio e disponile su una teglia foderata di carta forno con la parte esterna rivolta verso l'alto.
   - Inforna i peperoni fino a quando la buccia sarà leggermente bruciata e gonfia, girandoli di tanto in tanto. Una volta pronti, mettili in una ciotola coperta con pellicola trasparente per farli sudare e facilitare la rimozione della buccia.
3. **Preparazione della Salsa di Menta:**
   - Frulla la menta, l'aglio, l'aceto di vino bianco, l'olio d'oliva, il sale e il pepe in un frullatore o un mixer fino a ottenere una salsa omogenea. Regola di sale e pepe se necessario. Metti da parte.

4. **Grigliatura dell'Agnello:**
   - Riscalda una griglia o una padella antiaderente a fuoco medio-alto.
   - Cuoci le bistecche di agnello per circa 3-4 minuti per lato per una cottura al sangue, o più a lungo a seconda del grado di cottura desiderato.
5. **Servire:**
   - Sfoglia la buccia esterna dei peperoni arrostiti e tagliali a strisce.
   - Disponi le bistecche di agnello su un piatto da portata.
   - Guarnisci con le strisce di peperone arrosto e servi la salsa di menta a parte o direttamente sulle bistecche.

Grilled Lamb with Mint Sauce and Roasted Peppers (for 4 people)

Ingredients:

- 4 lamb steaks
- 2 red bell peppers
- 1 yellow bell pepper
- Extra virgin olive oil
- Salt to taste
- Black pepper to taste

For the Mint Sauce:

- 1 bunch fresh mint
- 1 clove garlic
- 2 tablespoons white wine vinegar
- 3 tablespoons extra virgin olive oil
- Salt to taste
- Black pepper to taste

Instructions:

1. **Marinating and Preparing the Lamb:**
   - Begin by marinating the lamb steaks with a drizzle of olive oil, salt, and black pepper. Allow them to marinate in the refrigerator for at least 30 minutes.
   - Meanwhile, prepare the roasted peppers.
2. **Preparing the Roasted Peppers:**
   - Preheat the oven to the highest temperature in the grill mode.
   - Cut the peppers in half, remove the seeds, and inner filaments.
   - Brush the pepper halves with a little olive oil and place them on a baking tray lined with parchment paper, skin side up.

- Roast the peppers until the skin is slightly charred and swollen, turning them occasionally. Once done, place them in a bowl covered with plastic wrap to let them sweat and facilitate the removal of the skin.

3. **Preparing the Mint Sauce:**
   - Blend the mint, garlic, white wine vinegar, extra virgin olive oil, salt, and black pepper in a blender or food processor until you get a smooth sauce. Adjust salt and pepper if needed. Set aside.

4. **Grilling the Lamb:**
   - Heat a grill or non-stick skillet over medium-high heat.
   - Grill the lamb steaks for about 3-4 minutes on each side for medium-rare, or longer according to your desired doneness.

5. **Serving:**
   - Peel off the outer skin of the roasted peppers and slice them into strips.
   - Arrange the grilled lamb steaks on a serving plate.
   - Garnish with the roasted pepper strips and serve the mint sauce on the side or drizzled over the steaks.

Baccalà mantecato su purea di ceci vellutata con chips croccanti di topinambur (per 4 persone)

Ingredienti:

- 4 filetti di baccalà ammollato
- 400g di ceci cotti
- 2 patate medie
- 2 topinambur
- Olio d'oliva extravergine
- Sale q.b.
- Pepe nero q.b.
- Prezzemolo fresco (per guarnire)

Procedimento:

1. **Preparazione del Baccalà:**
   - Preriscalda il forno a 180°C. Disponi i filetti di baccalà su una teglia da forno foderata con carta da forno. Condisci con un filo d'olio d'oliva, sale e pepe.
   - Cuoci in forno per circa 15-20 minuti o fino a quando il baccalà risulta morbido e si sfalda facilmente con una forchetta. Una volta cotto, sminuzzalo e mantecalo con un filo d'olio d'oliva.

2. **Preparazione della Purea di Ceci:**
   - Lessa le patate pelate e tagliale a cubetti.
   - In una pentola, cuoci i ceci insieme ai cubetti di patate in abbondante acqua salata fino a quando sono morbidi. Scola, conservando un po' di acqua di cottura.
   - Schiaccia i ceci e le patate con uno schiacciapatate o frullali con un mixer ad immersione, aggiungendo un po' dell'acqua di cottura finché ottieni una consistenza cremosa. Aggiusta di sale e pepe secondo il gusto.

3. **Preparazione delle Chips di Topinambur:**
   - Sbuccia i topinambur e tagliali a fettine sottili.
   - Scalda abbondante olio in una padella. Quando l'olio è caldo, friggi le fette di topinambur finché diventano croccanti e dorati. Scola su carta assorbente per rimuovere l'eccesso di olio. Salali leggermente.

4. **Servire:**
   - Disponi un letto di purea di ceci su ciascun piatto.
   - Adagia il baccalà mantecato sulla purea.
   - Guarnisci con le chips croccanti di topinambur.

o Decora con foglioline di prezzemolo fresco.

Whipped Cod on Creamy Chickpea Puree with Crispy Jerusalem Artichoke Chips (for 4 people)

Ingredients:

- 4 soaked cod fillets
- 400g cooked chickpeas
- 2 medium potatoes
- 2 Jerusalem artichokes
- Extra virgin olive oil
- Salt to taste
- Black pepper to taste
- Fresh parsley (for garnish)

Instructions:

1. **Preparing the Cod:**
   - Preheat the oven to 180°C (350°F). Place the cod fillets on a baking tray lined with parchment paper. Drizzle with a little extra virgin olive oil, salt, and pepper.
   - Bake in the oven for about 15-20 minutes or until the cod is tender and easily flakes with a fork. Once cooked, shred the cod and whip it with a drizzle of olive oil.

2. **Making the Chickpea Puree:**
   - Boil the peeled potatoes and cut them into cubes.
   - In a pot, cook the chickpeas and potato cubes in plenty of salted water until soft. Drain, reserving some cooking water.
   - Mash the chickpeas and potatoes with a potato masher or blend them with an immersion blender, adding some of the cooking water until you achieve a creamy consistency. Season with salt and pepper to taste.

3. **Preparing the Jerusalem Artichoke Chips:**
   - Peel the Jerusalem artichokes and slice them thinly.
   - Heat a generous amount of oil in a frying pan. Once hot, fry the Jerusalem artichoke slices until they become crispy and golden. Drain on paper towels to remove excess oil. Lightly season with salt.

4. **Serving:**
   - Spread a layer of chickpea puree on each plate.
   - Place the whipped cod on top of the puree.
   - Garnish with the crispy Jerusalem artichoke chips.

- Decorate with fresh parsley leaves.

Scaloppine di Vitello con Crema di Limone e Capperi con Risotto al Pesto di Basilico (per 4 persone)

Ingredienti:

- 4 fette di vitello sottili
- 2 limoni
- 2 cucchiai di capperi sott'aceto
- 200 ml di panna fresca
- 300g di riso Arborio
- 1 mazzo di basilico fresco
- 50g di formaggio grattugiato (come Parmigiano)
- 2 spicchi d'aglio
- Brodo vegetale (circa 1 litro)
- Burro
- Olio d'oliva extravergine
- Sale q.b.
- Pepe nero q.b.

Procedimento:

1. **Preparazione delle Scaloppine di Vitello:**
   - Battere leggermente le fette di vitello tra due fogli di carta forno per renderle sottili e tenere.
   - In una padella, scaldare un po' di olio e una noce di burro. Cuocere le scaloppine a fuoco medio-alto per 2-3 minuti per lato o finché sono dorate. Sfumarle con il succo di 1 limone. Rimuoverle dalla padella e tenerle al caldo.
2. **Preparazione della Crema di Limone e Capperi:**
   - Nella stessa padella usata per le scaloppine, aggiungere la panna fresca, la scorza grattugiata di 1 limone e i capperi tritati finemente. Portare ad ebollizione e lasciare addensare per circa 5 minuti. Aggiustare di sale e pepe.
3. **Preparazione del Risotto al Pesto di Basilico:**
   - In una pentola, rosolare l'aglio schiacciato in un po' d'olio d'oliva. Aggiungere il riso e tostarlo leggermente.
   - Aggiungere gradualmente il brodo vegetale, un mestolo alla volta, mescolando di tanto in tanto, finché il riso è cotto al dente (circa 18-20 minuti).
   - Nel frattempo, preparare il pesto di basilico frullando il basilico fresco con un filo d'olio d'oliva, formaggio grattugiato, sale e pepe.

- Una volta cotto, mantecare il risotto con il pesto di basilico e una noce di burro.

4. **Servire:**
   - Disporre le scaloppine su un piatto da portata.
   - Versare la crema di limone e capperi sulle scaloppine.
   - Servire accanto una porzione di risotto al pesto di basilico.

Veal Scaloppine with Lemon Cream and Capers with Basil Pesto Risotto
(for 4 people)

Ingredients:

- 4 thin veal slices
- 2 lemons
- 2 tablespoons capers in brine
- 200 ml heavy cream
- 300g Arborio rice
- 1 bunch fresh basil
- 50g grated cheese (such as Parmesan)
- 2 cloves garlic
- Vegetable broth (about 1 liter)
- Butter
- Extra virgin olive oil
- Salt to taste
- Black pepper to taste

Instructions:

1. **Preparing the Veal Scaloppine:**
   - Lightly pound the veal slices between two sheets of parchment paper to make them thin and tender.
   - In a skillet, heat some oil and a knob of butter. Cook the veal slices over medium-high heat for 2-3 minutes per side or until golden. Deglaze with the juice of 1 lemon. Remove them from the pan and keep them warm.

2. **Making the Lemon Cream and Caper Sauce:**
   - In the same skillet used for the veal, add the heavy cream, grated zest of 1 lemon, and finely chopped capers. Bring to a boil and let it thicken for about 5 minutes. Adjust with salt and pepper.

3. **Preparing the Basil Pesto Risotto:**
   - In a pot, sauté the crushed garlic in a little olive oil. Add the rice and lightly toast it.

- Gradually add the vegetable broth, one ladle at a time, stirring occasionally, until the rice is cooked al dente (about 18-20 minutes).
- Meanwhile, prepare the basil pesto by blending fresh basil with a drizzle of olive oil, grated cheese, salt, and pepper.
- Once cooked, stir the risotto with the basil pesto and a knob of butter.

4. **Serving:**
   - Arrange the veal slices on a serving plate.
   - Pour the lemon cream and capers over the veal.
   - Serve a portion of basil pesto risotto alongside.

Tonno alla Griglia con Salsa di Zenzero e Lime su Insalata di Finocchi e Arance (per 4 persone)

Ingredienti:

- 4 fette di tonno fresco
- 2 cucchiai di zenzero grattugiato
- Scorza e succo di 2 lime
- 4 cucchiai di salsa di soia
- 2 cucchiai di miele
- 4 cucchiai di olio d'oliva
- 2 bulbi di finocchio
- 2 arance
- Sale q.b.
- Pepe nero q.b.
- Foglie di coriandolo fresco o menta (per guarnire)

Istruzioni:

1. **Preparazione del Tonno alla Griglia:**
   - In una ciotola, mescola lo zenzero grattugiato, la scorza di lime, il succo di lime, la salsa di soia, il miele e 2 cucchiai di olio d'oliva. Insaporisci le fette di tonno con sale e pepe, quindi marinale in questa miscela per circa 15-20 minuti.
   - Scalda una griglia o una padella antiaderente a fuoco medio-alto. Spennella la griglia con olio d'oliva. Cuoci il tonno per circa 2-3 minuti per lato per una cottura media o regola secondo il tuo gusto.

2. **Preparazione della Salsa di Zenzero e Lime:**
   - In un pentolino, unisci lo zenzero grattugiato rimasto, la scorza di lime, il succo di lime, la salsa di soia, il miele e l'olio d'oliva rimasto. Lascia sobbollire per 5-7 minuti fino a quando la salsa si addensa leggermente. Mettila da parte per farla raffreddare.

3. **Preparazione dell'Insalata di Finocchi e Arance:**
   - Affetta sottilmente i bulbi di finocchio usando una mandolina o un coltello affilato. Sbuccia le arance e tagliale a rondelle sottili o segmenti.
   - In una ciotola, mescola il finocchio affettato e i pezzi di arancia con un goccio d'olio d'oliva, una spruzzata di succo di lime, sale e pepe.

4. **Servire:**
   - Disponi le fette di tonno grigliato su un piatto da portata.

- o Versa la salsa di zenzero e lime sul tonno.
- o Servi con l'insalata di finocchi e arance.
- o Guarnisci con foglie di coriandolo fresco o menta.

Grilled Tuna with Ginger Lime Sauce on Fennel and Orange Salad (for 4 people)

Ingredients:

- 4 fresh tuna steaks
- 2 tablespoons grated ginger
- Zest and juice of 2 limes
- 4 tablespoons soy sauce
- 2 tablespoons honey
- 4 tablespoons olive oil
- 2 fennel bulbs
- 2 oranges
- Salt to taste
- Black pepper to taste
- Fresh cilantro or mint leaves (for garnish)

Instructions:

1. **Preparing the Grilled Tuna:**
   - o In a bowl, mix the grated ginger, lime zest, lime juice, soy sauce, honey, and 2 tablespoons of olive oil. Season the tuna steaks with salt and pepper, then marinate them in this mixture for about 15-20 minutes.
   - o Heat a grill or grill pan over medium-high heat. Brush the grill with olive oil. Grill the tuna for about 2-3 minutes on each side for medium-rare or adjust according to your preference.

2. **Making the Ginger Lime Sauce:**
   - o In a small saucepan, combine the remaining grated ginger, lime zest, lime juice, soy sauce, honey, and olive oil. Simmer gently for 5-7 minutes until the sauce slightly thickens. Set it aside to cool.

3. **Preparing the Fennel and Orange Salad:**
   - o Thinly slice the fennel bulbs using a mandoline or a sharp knife. Peel the oranges and cut them into thin rounds or segments.
   - o In a bowl, toss the sliced fennel and orange pieces with a splash of olive oil, a squeeze of lime juice, salt, and pepper.

4. **Serving:**
   - o Arrange the grilled tuna steaks on a serving plate.

- Drizzle the ginger lime sauce over the tuna.
- Serve with the fennel and orange salad on the side.
- Garnish with fresh cilantro or mint leaves.

Quaglia Arrosto con Salsa di Uva e Rosmarino su Polenta al Tartufo (per 4 persone)

Ingredienti:

- 4 quaglie
- 500g di uva nera senza semi
- 2 rametti di rosmarino fresco
- 100ml di vino rosso
- 2 cucchiai di aceto balsamico
- 4 cucchiai di zucchero
- 200g di farina di mais per polenta
- 1 litro di brodo di pollo
- 50g di burro
- Sale q.b.
- Pepe nero q.b.
- Tartufo nero fresco (per guarnire)

Procedimento:

1. **Preparazione della Quaglia Arrosto:**
   - Preriscalda il forno a 180°C.
   - Svuota le quaglie, lavale e asciugale con cura. Salale e pepale leggermente.
   - In una padella, scalda un po' d'olio e burro. Rosola le quaglie da entrambi i lati finché sono dorate. Trasferiscile in una teglia da forno e cuocile nel forno preriscaldato per circa 20-25 minuti.

2. **Preparazione della Salsa di Uva e Rosmarino:**
   - In una pentola, versa l'uva (tenendone da parte alcune per decorare), aggiungi il vino rosso, l'aceto balsamico, lo zucchero e i rametti di rosmarino. Fai cuocere a fuoco medio per circa 20-25 minuti fino a quando l'uva si sfalda e la salsa si addensa. Filtra la salsa e scarta i rametti di rosmarino.

3. **Preparazione della Polenta al Tartufo:**
   - Versa lentamente la farina di mais nel brodo di pollo bollente, mescolando costantemente per evitare grumi. Cuoci la polenta a fuoco basso per circa 30-40 minuti, mescolando frequentemente finché diventa densa. Aggiungi il burro e una generosa quantità di tartufo nero grattugiato. Mescola bene.

4. **Servire:**
   - Disponi la quaglia arrosto su un letto di polenta al tartufo.
   - Versa la salsa di uva e rosmarino sulle quaglie.

- o Decora con chicchi d'uva fresca e una spolverata di tartufo nero fresco grattugiato.

Roasted Quail with Grape and Rosemary Sauce on Truffle Polenta (for 4 people)

Ingredients:

- 4 quails
- 500g seedless black grapes
- 2 sprigs of fresh rosemary
- 100ml red wine
- 2 tablespoons balsamic vinegar
- 4 tablespoons sugar
- 200g cornmeal for polenta
- 1 liter chicken broth
- 50g butter
- Salt to taste
- Black pepper to taste
- Fresh black truffle (for garnish)

Instructions:

1. **Preparing the Roasted Quail:**
   - o Preheat the oven to 180°C (350°F).
   - o Clean and dry the quails thoroughly. Season them with salt and pepper.
   - o In a skillet, heat a bit of oil and butter. Brown the quails on both sides until golden. Transfer them to an ovenproof dish and roast in the preheated oven for about 20-25 minutes.

2. **Preparing the Grape and Rosemary Sauce:**
   - o In a saucepan, combine the grapes (reserving some for garnish), red wine, balsamic vinegar, sugar, and rosemary sprigs. Cook over medium heat for about 20-25 minutes until the grapes break down and the sauce thickens. Strain the sauce and discard the rosemary sprigs.

3. **Preparing the Truffle Polenta:**
   - o Gradually pour the cornmeal into boiling chicken broth, stirring constantly to prevent lumps. Cook the polenta over low heat for about 30-40 minutes, stirring frequently until it thickens. Add the butter and a generous amount of grated fresh black truffle. Mix well.

4. **Serving:**
   - o Arrange the roasted quail on a bed of truffle polenta.

- Pour the grape and rosemary sauce over the quails.
- Garnish with fresh grape berries and a sprinkle of grated fresh black truffle.

Stufato di Polpo con Patate, Pomodorini e Olive Taggiasche (per 4 persone)

Ingredienti:

- 1 polpo grande (circa 1,5 kg)
- 500g di pomodorini ciliegino
- 500g di patate
- 200g di olive taggiasche
- 2 spicchi d'aglio
- 1 cipolla
- Prezzemolo fresco
- Peperoncino fresco o in polvere (a piacere)
- 200ml di vino bianco
- Olio extravergine d'oliva
- Sale q.b.
- Pepe nero q.b.

Procedimento:

1. **Preparazione del Polpo:**
   - Pulisci accuratamente il polpo, eliminando la testa e gli occhi. Sciacqualo bene sotto acqua corrente.
   - In una pentola capiente, metti a bollire abbondante acqua salata con uno spicchio d'aglio, un ciuffo di prezzemolo e il peperoncino. Immergi il polpo per 1-2 minuti, tiralo fuori dall'acqua e ripeti questa operazione altre 2-3 volte. Cuoci il polpo nell'acqua bollente per circa 40-50 minuti o fino a quando risulta morbido. Lascialo raffreddare nella sua acqua di cottura.

2. **Preparazione del Stufato:**
   - Taglia le patate a cubetti e affetta la cipolla. In una padella capiente, soffriggi la cipolla con un filo d'olio, aggiungi le patate e fallo rosolare per qualche minuto.
   - Unisci i pomodorini ciliegino tagliati a metà, le olive taggiasche e l'altro spicchio d'aglio tritato. Lascia insaporire il tutto per qualche minuto.
   - Aggiungi il vino bianco e lascialo evaporare. Nel frattempo, taglia il polpo cotto a pezzi e aggiungilo al soffritto.
   - Aggiusta di sale, pepe e aggiungi altro prezzemolo tritato fresco. Copri la padella e cuoci a fuoco basso per circa 20-25 minuti finché le patate sono morbide e il sughetto si è ristretto.

3. **Servire:**

- o Servi lo stufato di polpo caldo, guarnendo con un filo d'olio a crudo e una spolverata di prezzemolo fresco tritato.

Octopus Stew with Potatoes, Cherry Tomatoes, and Taggiasca Olives (for 4 people)

Ingredients:

- 1 large octopus (approximately 1.5 kg)
- 500g cherry tomatoes
- 500g potatoes
- 200g Taggiasca olives
- 2 cloves of garlic
- 1 onion
- Fresh parsley
- Fresh chili pepper or chili powder (optional)
- 200ml white wine
- Extra virgin olive oil
- Salt to taste
- Black pepper to taste

Instructions:

1. **Preparing the Octopus:**
   - o Thoroughly clean the octopus, removing the head and eyes. Rinse it well under cold running water.
   - o In a large pot, bring a generous amount of salted water to a boil with a clove of garlic, a bunch of parsley, and the chili pepper. Dip the octopus for 1-2 minutes, take it out, and repeat this process another 2-3 times. Cook the octopus in boiling water for about 40-50 minutes or until tender. Let it cool in its cooking water.
2. **Preparing the Stew:**
   - o Dice the potatoes and slice the onion. In a large pan, sauté the onion with a drizzle of olive oil, add the potatoes, and let them brown for a few minutes.
   - o Add the halved cherry tomatoes, Taggiasca olives, and the other minced garlic clove. Let everything simmer for a few minutes.
   - o Pour in the white wine and let it evaporate. Meanwhile, cut the cooked octopus into pieces and add it to the sautéed mixture.
   - o Season with salt, pepper, and additional chopped fresh parsley. Cover the pan and cook over low heat for about 20-25 minutes until the potatoes are tender and the sauce has thickened.

3. **Serving:**
    - Serve the warm octopus stew, drizzling with a little raw olive oil and a sprinkle of chopped fresh parsley.

DESSERTS

Crostata alle Mandorle con Crema di Limone e Basilico (per 4 persone)

Ingredienti per la Pasta Frolla:

- 250g di farina 00
- 125g di burro freddo a cubetti
- 100g di zucchero a velo
- 1 uovo intero
- Scorza grattugiata di 1 limone
- 50g di mandorle tritate finemente

Ingredienti per la Crema di Limone e Basilico:

- 3 tuorli d'uovo
- 100g di zucchero
- Succo di 2 limoni
- Scorza grattugiata di 1 limone
- 5-6 foglie di basilico fresco, tritate finemente
- 50g di burro

Altri Ingredienti:

- Mandorle a lamelle per decorare

Procedimento:

1. **Preparazione della Pasta Frolla:**
   - Mescola la farina con lo zucchero a velo e la scorza di limone grattugiata in una ciotola capiente. Aggiungi il burro freddo a cubetti e lavora velocemente con le mani fino a ottenere un composto sabbioso.
   - Aggiungi l'uovo e le mandorle tritate finemente. Lavora l'impasto fino a formare una palla compatta. Avvolgila nella pellicola trasparente e mettila in frigorifero per almeno 30 minuti.

2. **Preparazione della Crema di Limone e Basilico:**
   - In una casseruola, sbatti i tuorli d'uovo con lo zucchero fino a ottenere un composto chiaro e spumoso.
   - Aggiungi il succo di limone, la scorza grattugiata e le foglie di basilico tritate. Cuoci a fuoco basso, mescolando continuamente finché la crema si addensa leggermente.
   - Togli dal fuoco e aggiungi il burro, mescolando finché non si scioglie completamente. Lascia raffreddare.

3. **Completamento della Crostata:**
   - Stendi la pasta frolla su una teglia precedentemente imburrata e infarinata. Bucherella il fondo con una forchetta.
   - Versa la crema di limone e basilico sulla base di pasta frolla.
   - Decora la superficie con mandorle a lamelle.
   - Inforna a 180°C per circa 25-30 minuti o finché la crostata risulta dorata.

4. **Servizio:**
   - Lascia raffreddare la crostata prima di servirla. Tagliala a fette e goditi la "Crostata alle Mandorle con Crema di Limone e Basilico"!

Almond Tart with Lemon and Basil Cream (for 4 people)

Ingredients for the Shortcrust Pastry:

- 250g all-purpose flour
- 125g cold diced butter
- 100g powdered sugar
- 1 whole egg
- Grated zest of 1 lemon
- 50g finely chopped almonds

Ingredients for the Lemon and Basil Cream:

- 3 egg yolks
- 100g sugar
- Juice of 2 lemons
- Grated zest of 1 lemon
- 5-6 leaves of fresh basil, finely chopped
- 50g butter

Additional Ingredients:

- Sliced almonds for decoration

Instructions:

1. **Preparing the Shortcrust Pastry:**
   - Mix the flour with powdered sugar and grated lemon zest in a large bowl. Add the cold diced butter and quickly work with your hands until you get a sandy mixture.
   - Add the whole egg and finely chopped almonds. Work the dough until it forms a compact ball. Wrap it in plastic wrap and refrigerate for at least 30 minutes.

2. **Preparing the Lemon and Basil Cream:**
   - In a saucepan, whisk the egg yolks with sugar until you get a light and frothy mixture.
   - Add lemon juice, grated lemon zest, and chopped basil leaves. Cook over low heat, stirring continuously until the cream slightly thickens.
   - Remove from heat and add the butter, stirring until it completely melts. Let it cool.

3. **Completing the Tart:**
   - Roll out the shortcrust pastry on a previously buttered and floured baking tray. Prick the base with a fork.
   - Pour the lemon and basil cream onto the shortcrust base.
   - Decorate the surface with sliced almonds.
   - Bake at 180°C (356°F) for about 25-30 minutes or until the tart is golden brown.

4. **Serving:**
   - Allow the tart to cool before serving. Slice it and enjoy your "Almond Tart with Lemon and Basil Cream"

Mousse al Cioccolato Bianco con Salsa di Frutti di Bosco e Mandorle Tostate (per 4 persone)

Ingredienti per la Mousse al Cioccolato Bianco:

- 200g di cioccolato bianco
- 250ml di panna fresca
- 2 fogli di gelatina
- 2 tuorli d'uovo
- 50g di zucchero

Ingredienti per la Salsa di Frutti di Bosco:

- 200g di frutti di bosco misti (fragole, mirtilli, lamponi, more)
- 50g di zucchero
- Succo di 1/2 limone

Altri Ingredienti:

- Mandorle a fette tostate per guarnire

Procedimento:

1. **Preparazione della Mousse al Cioccolato Bianco:**
   - Sciogli il cioccolato bianco a bagnomaria o nel microonde, facendo attenzione a non farlo bruciare.
   - Ammolla la gelatina in acqua fredda. Sbatti i tuorli con lo zucchero fino a ottenere un composto chiaro e spumoso.
   - Scalda leggermente la panna in un pentolino e aggiungi la gelatina strizzata. Mescola finché non si scioglie completamente. Versa la panna sulla cioccolata fusa e mescola bene.
   - Aggiungi il composto di panna e cioccolato ai tuorli sbattuti, mescolando delicatamente dal basso verso l'alto per mantenere la mousse leggera.
   - Versa la mousse in coppe o bicchieri e lascia raffreddare in frigorifero per almeno 4 ore o finché non si solidifica.

2. **Preparazione della Salsa di Frutti di Bosco:**
   - In una pentola, cuoci i frutti di bosco con lo zucchero e il succo di limone a fuoco medio-basso fino a ottenere una consistenza simile a una salsa densa.

- o Passa la salsa attraverso un setaccio per eliminare i semi e ottenere una consistenza più liscia. Lascia raffreddare.
3. **Servizio:**
    - o Prima di servire, tosta leggermente le mandorle a fette in una padella antiaderente.
    - o Aggiungi la salsa di frutti di bosco sulla mousse al cioccolato bianco e guarnisci con le mandorle tostate.

White Chocolate Mousse with Mixed Berry Sauce and Toasted Almonds
(for 4 people)

Ingredients for White Chocolate Mousse:

- 200g white chocolate
- 250ml fresh cream
- 2 gelatin sheets
- 2 egg yolks
- 50g sugar

Ingredients for Mixed Berry Sauce:

- 200g mixed berries (strawberries, blueberries, raspberries, blackberries)
- 50g sugar
- Juice of 1/2 lemon

Additional Ingredients:

- Toasted sliced almonds for garnish

Instructions:

1. **Preparing the White Chocolate Mousse:**
    - o Melt the white chocolate using a double boiler or in the microwave, being careful not to overheat it.
    - o Soak the gelatin in cold water. Whisk the egg yolks with the sugar until you get a light and fluffy mixture.
    - o Gently heat the cream in a saucepan and add the squeezed gelatin. Stir until completely dissolved. Pour the cream over the melted chocolate and mix well.
    - o Add the cream and chocolate mixture to the beaten egg yolks, gently folding from bottom to top to keep the mousse light.

- o Pour the mousse into cups or glasses and let it chill in the fridge for at least 4 hours or until set.

2. **Preparing the Mixed Berry Sauce:**
   - o In a pot, cook the mixed berries with sugar and lemon juice over medium-low heat until it thickens into a sauce-like consistency.
   - o Strain the sauce through a sieve to remove seeds and achieve a smoother consistency. Let it cool.

3. **Serving:**
   - o Before serving, lightly toast the sliced almonds in a non-stick pan.
   - o Add the mixed berry sauce on top of the white chocolate mousse and garnish with the toasted almonds.

Crostata di Pere Caramellate con Gelato alla Cannella e Riduzione di Vin Santo (per 4 persone)

Ingredienti per la Crostata:

Per la Pasta Frolla:

- 250g di farina 00
- 125g di burro freddo a cubetti
- 100g di zucchero a velo
- 1 uovo intero
- Scorza grattugiata di 1 limone
- 50g di mandorle tritate (opzionale)

Per le Pere Caramellate:

- 4 pere mature
- 100g di zucchero
- 50g di burro

Per la Riduzione di Vin Santo:

- 200ml di Vin Santo
- 50g di zucchero

Ingredienti per il Gelato alla Cannella:

- 500ml di gelato alla vaniglia
- 2 cucchiaini di cannella in polvere

Procedimento:

1. **Preparazione della Pasta Frolla:**
   - In una ciotola grande, mescola la farina setacciata con lo zucchero a velo e la scorza di limone. Aggiungi il burro freddo a cubetti e lavora rapidamente fino a ottenere un impasto sabbioso.
   - Aggiungi l'uovo e impasta velocemente fino a formare un panetto. Avvolgilo nella pellicola trasparente e lascia riposare in frigo per almeno 30 minuti.

2. **Preparazione delle Pere Caramellate:**

- Sbuccia le pere, tagliale a fette e togli i semi. In una padella, sciogli lo zucchero a fuoco medio-alto fino a ottenere un caramello dorato. Aggiungi il burro e mescola finché non si scioglie.
- Aggiungi le fette di pere al caramello e cuoci per 5-7 minuti fino a quando le pere si ammorbidiscono leggermente e si caramellano. Lasciale raffreddare.

3. **Preparazione della Riduzione di Vin Santo:**
- Versa il Vin Santo in una pentola, aggiungi lo zucchero e porta ad ebollizione. Riduci il fuoco e lascia sobbollire dolcemente finché la miscela si riduce a metà e diventa leggermente sciropposa. Lascia raffreddare.

4. **Montaggio della Crostata:**
- Stendi la pasta frolla su una teglia precedentemente imburrata e infarinata. Distribuisci uniformemente le pere caramellate sulla pasta.
- Inforna a 180°C per circa 25-30 minuti o finché la crostata diventa dorata. Lascia raffreddare completamente.

5. **Preparazione del Gelato alla Cannella:**
- Mescola la cannella nel gelato alla vaniglia fino a ottenere una consistenza uniforme. Rimetti il gelato nel congelatore fino al momento di servire.

6. **Servizio:**
- Taglia la crostata a fette e servi ciascuna fetta con una pallina di gelato alla cannella. Completa con una generosa spruzzata di riduzione di Vin Santo sopra il gelato.

Caramelized Pear Tart with Cinnamon Ice Cream and Vin Santo Reduction (for 4 people)

Ingredients for the Tart:

For the Pastry:

- 250g all-purpose flour
- 125g cold diced butter
- 100g icing sugar
- 1 whole egg
- Zest of 1 lemon
- 50g chopped almonds (optional)

For the Caramelized Pears:

- 4 ripe pears
- 100g sugar
- 50g butter

- 200ml Vin Santo
- 50g sugar

Ingredients for the Cinnamon Ice Cream:

- 500ml vanilla ice cream
- 2 teaspoons ground cinnamon

Instructions:

1. **Preparing the Pastry:**
   - In a large bowl, mix sifted flour with icing sugar and lemon zest. Add cold diced butter and quickly work until the mixture becomes sandy.
   - Add the egg and knead until forming a dough. Wrap it in plastic wrap and let it rest in the fridge for at least 30 minutes.

2. **Preparing the Caramelized Pears:**
   - Peel the pears, slice them removing the seeds. In a pan, melt the sugar over medium-high heat until it turns into golden caramel. Add the butter and stir until melted.
   - Place the pear slices into the caramel and cook for 5-7 minutes until they slightly soften and caramelize. Let them cool.

3. **Preparing the Vin Santo Reduction:**
   - Pour the Vin Santo into a saucepan, add sugar, and bring it to a boil. Reduce the heat and let it simmer gently until it reduces by half and becomes slightly syrupy. Let it cool.

4. **Assembling the Tart:**
   - Roll out the pastry on a previously buttered and floured baking tray. Evenly distribute the caramelized pears on the pastry.
   - Bake at 180°C for about 25-30 minutes or until the tart turns golden. Let it cool completely.

5. **Preparing the Cinnamon Ice Cream:**
   - Mix ground cinnamon into the vanilla ice cream until well combined. Place the ice cream back into the freezer until serving time.

6. **Serving:**
   - Cut the tart into slices and serve each slice with a scoop of cinnamon ice cream. Drizzle a generous amount of the Vin Santo reduction over the ice cream.

Semifreddo al Pistacchio con Coulis di Limone e Mandorle Croccanti (per 4 persone)

Ingredienti per il Semifreddo al Pistacchio:

- 4 tuorli d'uovo
- 100g di zucchero
- 250ml di panna fresca
- 200g di pistacchi tritati
- 250g di mascarpone

Ingredienti per il Coulis di Limone:

- Succo di 2 limoni
- Scorza grattugiata di 1 limone
- 50g di zucchero a velo

Ingredienti per le Mandorle Croccanti:

- 100g di mandorle a lamelle
- 50g di zucchero
- 1 cucchiaio d'acqua

Procedimento:

1. **Preparazione del Semifreddo al Pistacchio:**
   - Monta i tuorli con lo zucchero fino a ottenere un composto chiaro e spumoso.
   - Monta separatamente la panna fresca. Aggiungi i pistacchi tritati al composto di tuorli e zucchero, quindi incorpora delicatamente il mascarpone e infine la panna montata.
   - Versa il composto in uno stampo da plumcake foderato con pellicola trasparente e lascia riposare nel freezer per almeno 6 ore.
2. **Preparazione del Coulis di Limone:**
   - In un pentolino, scalda il succo di limone con la scorza e lo zucchero a velo a fuoco medio, mescolando continuamente fino a quando lo zucchero si scioglie completamente e il composto si addensa leggermente. Lascia raffreddare.
3. **Preparazione delle Mandorle Croccanti:**

- o In una padella antiaderente, fai sciogliere lo zucchero con l'acqua fino a ottenere un caramello dorato.
- o Aggiungi le mandorle a lamelle e mescola rapidamente per rivestirle completamente con il caramello. Versa il composto su un foglio di carta da forno e lascia raffreddare, poi trita grossolanamente.

4. **Servizio:**
   - o Sforma il semifreddo al pistacchio su un piatto da dessert e taglialo a fette spesse. Accompagna ciascuna fetta con una generosa colata di coulis di limone e una spolverata di mandorle croccanti.

Pistachio Semifreddo with Lemon Coulis and Crunchy Almonds (for 4 people)

Ingredients for Pistachio Semifreddo:

- 4 egg yolks
- 100g sugar
- 250ml fresh cream
- 200g chopped pistachios
- 250g mascarpone cheese

Ingredients for Lemon Coulis:

- Juice of 2 lemons
- Zest of 1 lemon
- 50g powdered sugar

Ingredients for Crunchy Almonds:

- 100g flaked almonds
- 50g sugar
- 1 tablespoon water

Instructions:

1. **Preparing the Pistachio Semifreddo:**
   - o Whisk the egg yolks with sugar until the mixture becomes pale and frothy.
   - o Whip the fresh cream separately. Add the chopped pistachios to the egg and sugar mixture, then gently fold in the mascarpone and finally the whipped cream.
   - o Pour the mixture into a loaf tin lined with plastic wrap and let it rest in the freezer for at least 6 hours.

2. **Preparing the Lemon Coulis:**
   - In a saucepan, heat the lemon juice with the zest and powdered sugar over medium heat, stirring continuously until the sugar dissolves completely and the mixture slightly thickens. Let it cool.

3. **Preparing the Crunchy Almonds:**
   - In a non-stick pan, melt the sugar with water until it turns into a golden caramel.
   - Add the flaked almonds quickly, ensuring they are fully coated with the caramel. Pour the mixture onto a parchment-lined tray and let it cool, then roughly chop.

4. **Serving:**
   - Unmold the pistachio semifreddo onto a dessert plate and cut it into thick slices. Serve each slice with a generous drizzle of lemon coulis and a sprinkle of crunchy almonds.

Cannoli Siciliani al Cioccolato Fondente e Ricotta Profumata all'Arancia
(per 4 persone)

Ingredienti per i Cannoli:

Per la Pasta:

- 250g di farina di grano tenero
- 30g di zucchero
- 30g di burro
- 1 uovo
- 80ml di Marsala (vino dolce)
- Una presa di sale
- Olio di semi di arachide per friggere

Per il Ripieno:

- 500g di ricotta di pecora
- 100g di zucchero a velo
- Scorza grattugiata di 1 arancia
- 100g di cioccolato fondente tritato
- Scorza d'arancia candita (opzionale, per guarnire)
- Zucchero a velo per spolverare

Procedimento:

1. **Preparazione della Pasta per i Cannoli:**
   - Mescola la farina con lo zucchero e il sale in una ciotola capiente. Aggiungi il burro fuso, l'uovo, e il Marsala. Lavora l'impasto fino a ottenere una consistenza elastica. Lascia riposare l'impasto coperto per almeno 30 minuti.
   - Stendi la pasta sottile e tagliala in cerchi di circa 10 cm di diametro.
   - Avvolgi ciascun cerchio intorno a uno stampo per cannoli e sigilla l'incrocio con un po' d'acqua. Fai riscaldare l'olio in una pentola e friggi i cannoli fino a doratura. Scolali su carta assorbente e lasciali raffreddare.

2. **Preparazione del Ripieno:**
   - In una ciotola, mescola la ricotta con lo zucchero a velo fino a ottenere una consistenza cremosa. Aggiungi la scorza grattugiata di arancia e il cioccolato fondente tritato, mescolando delicatamente per incorporare bene gli ingredienti.

- Riempire i cannoli con il composto di ricotta aiutandoti con una sac à poche. Decora le estremità con scorza d'arancia candita, se desiderato.

3. **Servizio:**
   - Prima di servire, spolvera i cannoli con lo zucchero a velo per una presentazione elegante.

Sicilian Cannoli with Dark Chocolate and Orange-Infused Ricotta (for 4 people)

Ingredients for Cannoli:

For the Dough:

- 250g soft wheat flour
- 30g sugar
- 30g butter
- 1 egg
- 80ml Marsala wine (sweet wine)
- A pinch of salt
- Peanut oil for frying

For the Filling:

- 500g sheep's milk ricotta
- 100g powdered sugar
- Grated zest of 1 orange
- 100g chopped dark chocolate
- Candied orange peel (optional, for garnish)
- Powdered sugar for dusting

Instructions:

1. **Preparing the Cannoli Dough:**
   - Mix the flour with sugar and salt in a large bowl. Add melted butter, egg, and Marsala wine. Work the dough until it's elastic. Let it rest covered for at least 30 minutes.
   - Roll out the dough thinly and cut it into circles about 10 cm in diameter.
   - Wrap each circle around a cannoli tube and seal the edges with a little water. Heat the oil in a pan and fry the cannoli until golden brown. Drain them on paper towels and let them cool.
2. **Preparing the Filling:**

- In a bowl, mix the ricotta with powdered sugar until creamy. Add grated orange zest and chopped dark chocolate, gently folding to incorporate the ingredients.
- Fill the cannoli with the ricotta mixture using a piping bag. Garnish the ends with candied orange peel, if desired.

3. **Serving:**
   - Before serving, dust the cannoli with powdered sugar for an elegant presentation.

Torta di Mele e Noci con Gelato alla Vaniglia e Caramello Salato (per 4 persone)

Ingredienti:

Per la Torta di Mele e Noci:

- 3 mele (preferibilmente Granny Smith)
- 200g di noci tritate
- 200g di zucchero
- 200g di burro fuso
- 200g di farina
- 3 uova
- 1 cucchiaino di lievito in polvere
- 1 cucchiaino di cannella in polvere
- Scorza grattugiata di 1 limone
- Una presa di sale

Per il Gelato alla Vaniglia e Caramello Salato:

- Gelato alla vaniglia (quantità desiderata)
- Salsa al caramello salato (preparata o acquistata)

Procedimento:

1. **Preparazione della Torta di Mele e Noci:**
   - Preriscalda il forno a 180°C. Imburra e infarina una teglia rotonda.
   - Sbuccia, taglia e togli il torsolo alle mele. Tagliale a fette sottili e mettile da parte.
   - In una ciotola capiente, mescola le uova con lo zucchero fino a ottenere un composto spumoso. Aggiungi il burro fuso e la scorza grattugiata di limone.
   - Aggiungi gradualmente la farina setacciata con il lievito, la cannella e il sale. Mescola fino a ottenere un impasto omogeneo.
   - Aggiungi le noci tritate all'impasto e mescola delicatamente.
   - Versa metà dell'impasto nella teglia preparata, distribuisci uniformemente uno strato di fette di mele e copri con il restante impasto.
   - Disponi delle fette di mela sulla superficie e inforna per circa 40-45 minuti o fino a quando la torta risulta dorata e cotta.
2. **Assemblaggio e Servizio:**

- o Lascia raffreddare la torta per qualche minuto prima di servirla.
- o Taglia la torta a fette e servi ogni fetta accompagnata da una porzione di gelato alla vaniglia e una generosa colata di salsa al caramello salato.

Apple and Walnut Cake with Vanilla Ice Cream and Salted Caramel (for 4 people)

Ingredients:

For the Apple and Walnut Cake:

- 3 apples (preferably Granny Smith)
- 200g chopped walnuts
- 200g sugar
- 200g melted butter
- 200g flour
- 3 eggs
- 1 teaspoon baking powder
- 1 teaspoon ground cinnamon
- Grated zest of 1 lemon
- A pinch of salt

For the Vanilla Ice Cream and Salted Caramel:

- Vanilla ice cream (desired amount)
- Salted caramel sauce (homemade or store-bought)

Instructions:

1. **Preparation of the Apple and Walnut Cake:**
   - o Preheat the oven to 180°C (356°F). Grease and flour a round cake tin.
   - o Peel, core, and slice the apples thinly. Set aside.
   - o In a large bowl, whisk together the eggs and sugar until the mixture becomes fluffy. Add the melted butter and grated lemon zest.
   - o Gradually fold in the sifted flour with baking powder, cinnamon, and salt. Mix until you get a smooth batter.
   - o Gently incorporate the chopped walnuts into the batter.
   - o Pour half of the batter into the prepared tin, arrange a layer of apple slices evenly, and cover with the remaining batter.
   - o Arrange apple slices on the top and bake for approximately 40-45 minutes or until the cake is golden and cooked through.
2. **Assembly and Serving:**

- Allow the cake to cool for a few minutes before serving.
- Cut the cake into slices and serve each slice with a scoop of vanilla ice cream and a generous drizzle of salted caramel sauce.

Panna Cotta al Limoncello con Frutti Rossi e Menta Fresca (per 4 persone)

Ingredienti:

- 500 ml di panna fresca
- 100 ml di latte
- 100 g di zucchero
- 2 fogli di gelatina
- 50 ml di Limoncello
- Frutti rossi (fragole, lamponi, mirtilli)
- Foglie di menta fresca

Procedimento:

1. Metti i fogli di gelatina in acqua fredda per ammorbidirli.
2. In una pentola, versa la panna fresca, il latte e lo zucchero. Riscalda il composto a fuoco medio, mescolando fino a quando lo zucchero si scioglie completamente. Non far bollire.
3. Scola l'acqua dalla gelatina ammorbidita e aggiungila alla miscela calda di panna e latte. Mescola finché la gelatina non si scioglie completamente.
4. Togli dal fuoco e aggiungi il Limoncello, mescolando bene.
5. Versa il composto ottenuto in stampini da panna cotta o piccole ciotole. Lascia raffreddare a temperatura ambiente per circa 30 minuti, poi copri con pellicola trasparente e metti in frigorifero per almeno 4 ore o fino a quando non si solidifica completamente.
6. Una volta pronta, sforma le panna cotta in piatti da dessert. Decora con i frutti rossi freschi e alcune foglie di menta.

Limoncello Panna Cotta with Red Berries and Fresh Mint (for 4 people)

Ingredients:

- 500 ml fresh cream
- 100 ml milk
- 100 g sugar
- 2 gelatin sheets
- 50 ml Limoncello
- Red berries (strawberries, raspberries, blueberries)
- Fresh mint leaves

Instructions:

1. Place the gelatin sheets in cold water to soften.
2. In a saucepan, pour in the fresh cream, milk, and sugar. Heat the mixture over medium heat, stirring until the sugar completely dissolves. Avoid boiling.
3. Drain the softened gelatin and add it to the warm cream and milk mixture. Stir until the gelatin dissolves completely.
4. Remove from heat and add the Limoncello, stirring well.
5. Pour the mixture into panna cotta molds or small bowls. Allow it to cool at room temperature for about 30 minutes, then cover with plastic wrap and refrigerate for at least 4 hours or until completely set.
6. Once ready, unmold the panna cotta onto dessert plates. Garnish with fresh red berries and a few mint leaves.

Zabaione al Moscato con Frutti Esotici e Biscotti al Burro (per 4 persone)

Ingredienti:

- 6 tuorli d'uovo
- 100 g di zucchero
- 120 ml di Moscato
- Frutti esotici misti (mango, papaya, ananas)
- Biscotti al burro

Procedimento:

1. In una ciotola resistente al calore, sbatti i tuorli con lo zucchero fino a ottenere un composto spumoso e chiaro.
2. Aggiungi il Moscato gradualmente ai tuorli, continuando a mescolare delicatamente.
3. Metti la ciotola a bagnomaria su una pentola con acqua bollente. Assicurati che la ciotola non tocchi direttamente l'acqua.
4. Continua a mescolare costantemente il composto con una frusta mentre si scalda. Cuoci finché lo zabaione non diventa cremoso e triplica il volume. Ci vorranno circa 8-10 minuti.
5. Togli la ciotola dal fuoco e continua a mescolare per altri 2-3 minuti per far raffreddare leggermente lo zabaione.
6. Taglia a cubetti la frutta esotica mista e disponila nei piatti da dessert.
7. Versa lo zabaione caldo sui frutti esotici.
8. Servi lo zabaione accompagnato da biscotti al burro.

Moscato Zabaglione with Exotic Fruits and Butter Cookies (for 4 people)

Ingredients:

- 6 egg yolks
- 100 g sugar
- 120 ml Moscato wine
- Mixed exotic fruits (mango, papaya, pineapple)
- Butter cookies

Instructions:

1. In a heatproof bowl, whisk the egg yolks with the sugar until you get a foamy and pale mixture.
2. Gradually add the Moscato to the egg yolks, continuously whisking gently.
3. Place the bowl over a double boiler with simmering water. Ensure the bowl doesn't touch the water directly.
4. Keep whisking the mixture constantly while it heats up. Cook until the zabaglione becomes creamy and triples in volume. It will take about 8-10 minutes.
5. Remove the bowl from the heat and continue whisking for another 2-3 minutes to slightly cool the zabaglione.
6. Dice the mixed exotic fruits and place them in dessert plates.
7. Pour the warm zabaglione over the exotic fruits.
8. Serve the zabaglione with butter cookies.

Sorbetto alla Pesca con Salsa di Cioccolato e Granella di Pistacchio (per 4 persone)

Ingredienti:

- 500 g di pesche mature
- Succo di 1 limone
- 150 g di zucchero
- 250 ml di acqua
- Cioccolato fondente fuso
- Granella di pistacchio

Procedimento:

1. Pelare le pesche e tagliarle a pezzi. Aggiungere il succo di limone e metterle in un frullatore insieme allo zucchero.
2. Frullare fino a ottenere una consistenza liscia.
3. Versare l'acqua in un pentolino e portarla ad ebollizione. Aggiungere la purea di pesca e mescolare bene.
4. Ridurre il calore e far bollire per circa 5 minuti. Lasciare raffreddare completamente il composto.
5. Versare la miscela raffreddata in una gelatiera e seguire le istruzioni per preparare il sorbetto.
6. Mentre il sorbetto si compatta nella gelatiera, preparare la salsa di cioccolato fondente facendo sciogliere il cioccolato a bagnomaria o nel microonde.
7. Una volta pronto, servire il sorbetto in coppe da dessert, irrorare con la salsa di cioccolato fuso e cospargere con la granella di pistacchio.

Peach Sorbet with Chocolate Sauce and Pistachio Crumbs (for 4 people)

Ingredients:

- 500g ripe peaches
- Juice of 1 lemon
- 150g sugar
- 250ml water
- Melted dark chocolate
- Pistachio crumbs

Instructions:

1. Peel and dice the peaches. Add lemon juice and put them in a blender along with the sugar.
2. Blend until smooth.
3. Pour water into a saucepan and bring it to a boil. Add the peach puree and mix well.
4. Reduce the heat and let it simmer for about 5 minutes. Let the mixture cool completely.
5. Pour the cooled mixture into an ice cream maker and follow the instructions to make the sorbet.
6. While the sorbet is churning, prepare the dark chocolate sauce by melting the chocolate using a double boiler or in the microwave.
7. Once ready, serve the sorbet in dessert bowls, drizzle with the melted chocolate sauce, and sprinkle with pistachio crumbs.

Crema al Limone in Frolla di Nocciole con Frutti di Bosco e Cioccolato Bianco Grattugiato (per 4 persone)

Ingredienti:

Per la crema al limone:

- 4 tuorli d'uovo
- 150g di zucchero
- Scorza grattugiata di 2 limoni
- 120ml di succo di limone
- 80g di burro

Per la frolla di nocciole:

- 200g di farina
- 100g di burro freddo a pezzetti
- 50g di zucchero a velo
- 50g di nocciole tritate finemente
- 1 uovo

Per la finitura:

- Frutti di bosco misti (fragole, mirtilli, more)
- Cioccolato bianco grattugiato

Procedimento:

1. Prepara la crema al limone: in una ciotola, sbatti i tuorli d'uovo con lo zucchero fino a ottenere un composto chiaro e spumoso. Aggiungi la scorza grattugiata e il succo di limone.
2. Versa il composto in una pentola a fuoco medio-basso. Aggiungi il burro a pezzetti e mescola continuamente finché la crema non si addensa leggermente. Togli dal fuoco e lascia raffreddare.
3. Per la frolla di nocciole: in una ciotola, mescola la farina, lo zucchero a velo e le nocciole tritate. Aggiungi il burro freddo a pezzetti e lavora l'impasto con le mani fino a ottenere una consistenza sabbiosa.
4. Aggiungi l'uovo e lavora velocemente fino a formare un impasto omogeneo. Avvolgi l'impasto in pellicola trasparente e mettilo in frigo per almeno 30 minuti.

5. Preriscalda il forno a 180°C. Stendi la pasta frolla su una superficie infarinata e foderà uno stampo da crostata. Bucherella il fondo con una forchetta e cuoci in bianco per circa 15-20 minuti, o finché dorata. Lascia raffreddare completamente.

6. Monta la crostata: riempi la base di pasta frolla con la crema al limone. Decorare con i frutti di bosco misti e spolverare con il cioccolato bianco grattugiato.

Lemon Cream in Hazelnut Shortcrust with Mixed Berries and Grated White Chocolate (for 4 people)

Ingredients:

For the lemon cream:

- 4 egg yolks
- 150g sugar
- Grated zest of 2 lemons
- 120ml lemon juice
- 80g butter

For the hazelnut shortcrust:

- 200g flour
- 100g cold butter, diced
- 50g icing sugar
- 50g finely chopped hazelnuts
- 1 egg

For garnish:

- Mixed berries (strawberries, blueberries, blackberries)
- Grated white chocolate

Instructions:

1. Prepare the lemon cream: In a bowl, whisk the egg yolks with the sugar until light and frothy. Add the grated lemon zest and lemon juice.

2. Pour the mixture into a saucepan over medium-low heat. Add the butter in pieces and stir continuously until the cream thickens slightly. Remove from heat and let it cool.

3. For the hazelnut shortcrust: In a bowl, mix the flour, icing sugar, and finely chopped hazelnuts. Add the cold diced butter and work the dough with your hands until it resembles breadcrumbs.

4. Add the egg and quickly knead until you get a homogeneous dough. Wrap the dough in plastic wrap and refrigerate for at least 30 minutes.

5. Preheat the oven to 180°C (356°F). Roll out the shortcrust pastry on a floured surface and line a tart pan. Prick the base with a fork and blind bake for about 15-20 minutes, or until golden. Let it cool completely.

6. Assemble the tart: Fill the cooled hazelnut shortcrust base with the lemon cream. Decorate with mixed berries and sprinkle with grated white chocolate.

7.

Made in the USA
Las Vegas, NV
17 January 2024

84512913R00051